地方理工科大学
法律人才培养模式创新研究

郑玉敏◎著

FALU
RENCAI
PEIYANG
MOSHI
CHUANGXIN
YANJIU

DIFANG
LIGONGKE
DAXUE

合肥工業大學出版社

前　言

随着东莞理工学院从定位于培养适应地方经济和社会发展需要的应用型人才的地方院校到建设高水平理工科大学的发展历程，法学专业也经历了从定位于培养应用型法律人才到培养适应东莞需要的复合型、文理交叉的应用型人才的不断探索。由于东莞特殊的地理位置、外向型的经济发展模式、超前的社会发展进程、特殊的行政架构，东莞对法律人才的需求一直保持旺盛的发展趋势；同时，东莞对法律人才的需求具有法律人才的一般特点，也具有符合东莞需要的特殊性。如何使我们培养的法律人才真正适应法治东莞建设的需要，特别是东莞的特殊需要，是我们办好法学专业必须解决的问题。东莞理工学院以建设高水平理工科大学为目标，以智能制造技术与工程为主攻方向，因此，未来依托于学校的理工科背景及自然科学技术文化优势的法学专业就必然承担着为地方制造业发展提供法律人才保障的任务。在制造业发达、经济发展水平较高的珠三角地区，文理交叉、商法交叉的复合型法律人才、知识产权人才需求旺盛，伴随该地区产业转型升级后对高层次人才的需求，具有理工科背景的法律人才必然走俏。由此，随着东莞理工学院办学定位与发展目标的明晰，法学专业的人才培养模式也必须不断创新。

本书总结法学专业人才培养特别是举办卓越法律人才实验班和知识产权辅修专业的经验，明确适应学校建设高水平理工科大学的法学专业培养复合型法律人才的人才培养定位，探索面向复合型人才培养的法学专业与工科专业交叉融合的路径。本书内容主要是东莞理工学院法学专业探索地方理工科大学法律人才培养模式的实践梳理和理论总结。本书作者以地方理工科大学法律人才培养为主线，以举办卓越法律人才培养实验班和知识产权辅修学位为依托，进行了人才培养模式、人才培养机制、课程体系、实践教学、平台建设、师资建设等人才培养体系诸要素的全面的探索和理论总结。本书涉及的内容覆盖了人才培养的各个要素。这些研究与探索对培养应用型法律人才的地方高校有参考价值；东莞理工学院法学专业依托于学校的理工科背景及自然科学技术文化优势，致力于培养文理交叉、商法交叉的复合型法律人才、知识产权人才，对理工科大学法学专业改革具有借鉴意义。

作　者

2018年3月15日

目　录

第一章
地方理工科大学法律人才培养模式创新探索

第一节
地方理工科大学复合型法律人才培养模式创新研究

东莞理工学院以建设高水平理工科大学为目标，以智能制造技术与工程为主攻方向；在制造业发达、经济发展水平较高的珠三角地区，对于文理交叉、商法交叉的复合型法律人才、知识产权人才的需求旺盛。由此，随着东莞理工学院办学定位与发展目标的明晰，法学专业的人才培养模式也必须不断创新。本项目拟通过调研，了解国内其他理工科高校法学专业的定位以及东莞经济和社会发展对法律人才的需求特征；总结法学专业人才培养特别是举办卓越法律人才实验班和知识产权辅修专业的经验，明确适应学校建设高水平理工科大学的法学专业培养复合型法律人才的人才培养定位，探索面向复合型人才培养的法学专业与工科专业交叉融合的路径。

一、研究的背景

随着东莞理工学院从定位于培养适应地方经济和社会发展需要的应用型人才的地方院校到建设高水平理工科大学的发展历程，法学专业也经历了从定位于培养应用型法律人才到培养适应东莞需要的复合型、文理交叉的应用型人才的不断探索。由于东莞特殊的地理位置、外向型的经济发展模式、超前的社会发展进程、特殊的行政架构，东莞对法律人才的需求一直保持旺盛的发展趋势；同时东莞对法律人才的需求在具有法律人才的一般特点的同时，也具有符合东莞需要的特殊性。如何使我们培养的法律人才真正适应东莞经济社会发展的需要，适应学校建设高水平理工科大学的需要，是我们办好法学专业必须解决的问题。

二、研究的意义

法律人才培养模式创新主要解决的问题，是法学人才培养与东莞及珠三角地区制造业发展和经济与社会发展需要的法律人才的适应度与契合度，以及在东莞理工学院高水平应用型理工科大学建设过程中法学专业的地位与发展问题。由于东莞理工学院的毕业生绝大多数在东莞就业，因此我们培养的学生的水平和地方法治需要的契合度也会影响东莞法治发展和法制建设，而我们对人才培养模式的探讨和改革也会为经济发达和社会发展超前地区的高等院校的法律人才培养提供可借鉴的经验。同时，在理工科大学培养法学专业与工科专业交叉融合的复合型法律人才的路径研究与实践探索方面，涉及课程设置、师资建设、实习基地建设、教材建设、人才培养机制建立等多项内容，这些探索与实践可以为国内同类高校的法学专业建设和人才培养提供有价值的经验。因此，本课题研究具有重要的现实意义和较高的推广价值。

三、本项目的研究现状

（一）本项目国内外同类研究工作现状

培养应用型、复合型法律人才符合国际范围内法律人才培养的一般规律，美国和澳大利亚等国法律专业都是以培养应用型、复合型法律人才为目标，要求从事法律工作的学生一般具备两个专业背景，获得两个学位。我国高校自 1996 年开始，按照国务院学位委员会第十四次会议审议通过的《专业学位设置审批暂行办法》的规定，高校设置法律硕士学位。法律硕士学位是具有特定法律职业背景的职业性学位，主要培养面向立法、司法、律师、公证、审判、检察、监察及经济管理、金融、行政执法与监督等部门、行业的高层次法律专业人才与管理人才。法律硕士要求具有国民教育序列大学本科学历的非法律专业的毕业生，主要培养复合型法律实务人才。因此，法学专业培养复合型法律人才已经是国际、国内实务界和学术界的共识。但对于本科教育阶段法学专业与其他专业的人才交叉融合路径研究较少，目前各高校自行举办的辅修学位并无明确的要求和标准，在人才培养方案、课程体系、培养机制与路径方面急需相关的研究、探索与总结。

（二）法学专业对复合型法律人才的培养探索的研究与实践

我校法学专业人才培养模式改革始于2005年，2005年7月获得校级重点课题立项；2007年获得广东省教育厅立项；2012年教育厅立项课题结项，项目的研究成果开始用于法学专业的人才培养方案，法学专业开始了以课程为中心的实践教学改革；2013年法学专业综合改革获得校级A类课题立项；2014年强昌文教授主持的法学专业综合改革和郑玉敏教授主持的卓越法学人才培养计划试点专业同时获得2014年广东省质量工程立项。2014年，法学专业的人才培养模式改革进入一个新的阶段，这一年法学专业举办了卓越法律人才实验班，培养复合型法律人才；举办法学（知识产权）辅修专业，培养文理交叉的从事知识产权实务的人才；同时开设法学专业综合实训、民法案例实践教学等项目型课程，模拟法庭课程进行改革，真实法庭进课堂，并与司法实务部门展开深度合作。2015年4月郑玉敏教授主持的“地方卓越法律人才培养机制创新的理论与实践”获批2014年度广东省教育教学成果奖培育项目。10年间法学专业以应用性、复合性、地方性为导向，在课程设置、师资建设、实习基地建设、教材建设、人才培养机制建立等方面做出了大胆而有益的探索与实践。

四、主要研究内容

1. 根据东莞理工学院建设高水平理工科大学的发展变化，结合东莞地方对法律人才的需求表现，进一步明确法学专业的培养目标。

2. 根据人才培养定位设计法学专业人才培养体系，创办卓越法律人才培养试验班、设置知识产权辅修专业、法学双学位，创建特色产业学院。

3. 根据法学人才培养目标，探讨课程改革、教学环节改革、教材编写、实习基地建设、教师队伍建设、教学方法改革等的途径和方法。

4. 根据东莞和珠三角地区对法律人才的需求以及需求的特殊性，探索建立产学研一体化的“高校与实务部门和高校与高校联合培养人才”的机制和法学专业与其他专业协同培养的途径。

主要形式就是探讨建立“高校与实务部门和高校与高校联合培养人才”机制。包括与东莞市第一和第二产业人民法院、广东众达律师事务所、广州市仲裁委员会东莞分会联合培养卓越法律人才；与东莞市科技局、东莞市知识产权局联合培养知识产权法律人才、科技法律人才；与华南理工大学、暨南大学联合培养法律硕士（知识产权方向或民商法方向）；与东莞理工学院其他专业合作培养“商—法”“电—法”“工—法”复合型人才。具体内容包括：建立了学院与实务部门人员互聘制度，积极邀请实务部门有较高理论水平和丰富实践经验的专家到学校任教；鼓励支持学院教师到实务部门挂职；完善“学校—实务部门联合培养”模式，强化与实务部门的合作，重点培养应用型、复合型法律职业人才；探索“学校—地方政府共同培养”模式，加强与地方政府部门的合作；探索“学校—学校联合培养”模式，实现资源共享、优势互补，努力建设一支专兼结合的法学师资队伍。

五、拟达到的目标

1. 通过举办辅修专业和辅修学位的方式，探索面向复合型人才培养的法学专业与工科专业交叉融合的路径；通过举办卓越法律人才培养实验班的方式，探索商法复合的专业交叉融合的路径。

2. 通过申请法律专业硕士，探索实践高层次复合型人才培养的法学专业与工科专业交叉融合的路径。

3. 通过本项目研究最终要实现的总体目标：把法学专业建设成为广东省理工科大学中新兴交叉学科和应用型文科的示范基地。

六、方案和进度

本项目由项目负责人、法律系主任郑玉敏教授负责项目的设计和组织，教研论文的撰写、研究报告——面向复合型人才培养的法学专业与工科专业交叉融合路径研究与实践的撰写，并负责撰写论文——地方理工科大学复合型法律人才培养模式创新研究。

1. 强昌文：主编专著《地方理工科大学复合型法律人才培养模式创新研究》；负责法学专业人才培养模式创新中的培养途径改革与研究，负责校所合作和校地合作人才培养的组织与实施。

2. 夏能礼：法学专业人才培养模式创新中课程改革、课程建设的论证与实施。

3. 龚红兵：参与研究报告和教研论文撰写；法律+工科辅修学位实验班人才培养方案设计和实施。

4. 罗兆婧：参与撰写专著《地方理工科大学复合型法律人才培养模式创新研究》；负责法律+经济管理卓越法律人才实验班的改革与实施。

5. 林锦照：负责教学大纲、课程标准及其他教学文件的完善。

6. 蔡贵峰：负责实习基地建设和实践教学开展。

七、本项目的研究方法和研究手段

本项目主要采用调查研究、实证研究和比较研究的方法与手段。

首先要通过调研获取其他理工科大学法学人才培养模式的特点与经验；同时，要通过调研了解东莞经济和社会发展对法律人才的需求特点。

其次，人才培养模式创新是一个不断试验的过程，要总结法学专业发展以及举办卓越法律人才实验班和知识产权辅修以及双学位项目的经验和教训，为法学专业人才培养模式的进一步创新进行梳理和提炼。

再次，要对比东莞与其他理工科高校的学科优势和东莞地区与其他地区的法治人才需求特点，从而确定东莞理工学院法学专业的办学特点和人才培养特点。

八、拟解决的关键问题

本项目拟解决的关键问题是法学专业人才培养与东莞经济和社会发展对法律人才需求的契合度以及法学专业与高水平理工科大学的适应度问题。主要创新点就是建立“高校—实务部门”以及法学专业和其他专业联合培养人才的协同培养机制。根据东莞理工学院的定位和东莞的社会发展、法制建设对法律人才的特殊需求，在法律人才培养的地方性、应用性和复合性三个方面努力做到你无我有，你有我优。

1. 法律人才培养的地方性：形成地方与高校协同培养法律人才机制；

2. 地方法律人才培养的应用性，实现学生实践能力培养、实践性教学体系建立、实训课程改革、实训教材编写与集中实习环节落实一体推进；

3. 地方法律人才培养的复合性，适应东莞法律人才需要，法学专业与理工科专业和经管专业协同培养复合型法律人才。

以上法学人才培养模式创新可以归纳为实现两个面向、三个导向、五个创新。

两个面向：其一是面向东莞地方需要，其二是面向学校建设高水平理工科大学的需要；三个导向就是以应用性、复合性、地方性为导向，进行课程设置和人才培养模式改革；五个创新就是课程设置的创新，复合型、文理交叉人才培养的创新，学生职业能力表述的创新，培养机制的创新，教材编写内容与形式的创新。

第二节

地方理工科大学应用型法律人才培养模式的创新与实践

一、应用型法律人才培养模式的创新与实践的背景

东莞理工学院法学专业从2003年开始招收首届本科生，定位于培养应用型法律人才。法学专业紧密结合地方需要制订人才培养方案，2005年7月，郑玉敏教授主持的“法学专业实践教学体系及教学手段改革的研究与实践”项目获得校级重点课题立项，法学专业开始了应用型人才培养模式的创新与改革。2007年，郑玉敏教授主持的“应用型法律人才培养与法学专业实践教学体系改革的研究与实践”项目获得广东省教育厅立项；2014年强昌文教授主持的法学专业综合改革和郑玉敏教授主持的卓越法学人才培养计划试点专业同时获得广东省质量工程立项；2015郑玉敏教授主持的“地方卓越法律人才培养机制创新的理论与实践”项目获批2014年度广东省教育教学成果奖培育项目。10年间东莞理工学院法学专业在探讨地方高校应用型法律人才培养模式方面进行了持续的创新与实践。2015年“地方院校应用型法律人才培养模式的创新与实践”项目获得东莞理工学院教学成果一等奖。随着东莞理工学院定位于建设高水平应用型理工大学，法学专业努力实现法学人才培养的产学研一体化。法学的产学研结合人才培养模式是一种通过司法实践、法学教学、法学科研紧密结合，实现人才培养目标的教育模式通过实务部门对法学教学的参与，法学教师对实务工作的指导，学生在仿真及真实的环境中的训练，实现产学研的紧密结合，从而培养地方需要的复合型、应用型人才。

二、人才培养模式改革的目标与方向

法律人才培养模式改革主要解决的问题是法学人才培养与东莞及珠三角地区

制造业发展和经济与社会发展需要的法律人才的适应度与契合度，以及在东莞理工学院高水平应用型理工大学建设过程中法学专业的地位与发展问题。首先，东莞地区企业众多，因此培养企业法务人才在整个人才培养模式改革中地位重要；其次，东莞地区扩镇强市趋势明显，法律实务人才需求增强，由于东莞地区独特的语言、文化等因素，本地区生源的学生在就业中具有明显的优势，因此，在相当长的时间内，法律实务人才在东莞都会有明显的需求；再次，东莞经济的高速发展使得东莞的经济纠纷案件逐年增多，东莞高层次、高素质、复合型法律人才短缺尤为严重，单一型的法律人才已很难适应市场的需要，金融、房地产、知识产权、高科技开发等法律业务和涉外法律业务日益激增，学校培养复合型法律人才正在成为大势所趋。

1. 根据东莞理工学院的地方应用型大学地位，结合东莞地方对法律人才的需求表现，把法学专业定位于培养适应地方需要的应用型、复合型法律人才。

2. 以人才培养的应用性、复合性、地方性为导向，进行人才培养模式的改革，从课程改革开始到专业结构和人才培养模式的改革，创建卓越法律人才培养试验班、举办知识产权辅修专业和法学双学位，创建特色产业学院——企业法务学院。

3. 面对着东莞和珠三角地区对法律人才的需求以及需求的特殊性，单凭法学专业现有的力量、传统的办学模式已经很难满足需求，建立产学研一体化的“高校与实务部门和高校与高校联合培养人才”的机制和平台的必要性凸显。

三、人才培养模式的创新与实践

（一）明确人才培养模式改革的方向性

1. 东莞理工学院定位为地方应用型大学，法学专业培养适应地方需要的应用型、复合性法律人才，符合我校的办学宗旨、层次、功能和目标定位。

2. 人才培养机制创新符合《教育部中央政法委员会关于实施卓越法律人才教育培养计划的若干意见》（教高〔2011〕10 号）。该文件要求探索“高校—实务部门联合培养”机制。加强高校与实务部门的合作，法学专业与司法实务部门签订联合培养人才协议。

3. 符合《中共东莞市委关于深入贯彻党的十八届四中全会精神全面深化法治东莞建设的实施意见（征求意见稿）》提出的根据法治东莞建设的需要，制订法律人才教育培养计划，创新法治人才培养机制，注重法学理论教育和实践结合，培养造就法治人才及后备力量的要求。

4. 符合《东莞理工学院创新发展战略规划（2013—2020 年）》确定的东莞理工学院发展目标。法学专业立足东莞，面向珠三角，培养适应度高、理论基础扎实、具有国际视野、具备实践能力和创新精神的高素质应用型人才。

5. 培养应用型、复合型法律人才符合国际范围内法律人才培养一般规律，美国和澳大利亚等国法律专业都是以培养应用型、复合型法律人才为目标，要求从事法律工作的学生一般具备两个专业背景，获得两个学位。

（二）坚持人才培养模式改革的科学性

1. 以培养适应地方需要的应用型法律人才为目标，从学科教育转变为职业教育；从传统的培养理论人才转变为培养实务人才；从重视学生理论灌输转变为重视学生职业能力培养；从培养一般性法律人才转变为培养适应东莞地方需要的应用型法律人才。

2. 根据东莞经济和社会发展对应用型法律人才的需求特点，调整专业结构，改革人才培养模式，重视人才培养的应用性、复合性和地方性。创建卓越法律人才培养试验班、设置法学（知识产权）辅修专业。

3. 根据职业能力培养和东莞地方的需要改革课程体系，增加民商经济法课程比重，开设法学专业综合实训，民法案例实践教学等项目型课程，实现真实法庭进课堂，通过情景式教学方法助力学生职业能力养成。

4. 与地方实务部门联合培养，聘请 23 位实务界人士为兼职教师，建立 23 个稳定的实习基地，与实务部门签订联合培养卓越法律人才协议。

5. 适应培养应用型法律人才的需要，编写了 6 部应用型教材，建设了一支双师型教师队伍。

6. 培养地方需要的应用型法律人才成果显著，毕业生就业率高，专业满意度高，近三年学生司法考试通过率是全国平均水平的 3 倍。法学专业人才培养模式改革以应用性、复合性、地方性为导向，建设方向明确，符合国家的教育方针政策和有关文件精神；与学校办学宗旨、层次、功能、目标定位相符合。

（三）坚持改革与创新的系统性

法学专业的人才培养模式改革是一个系统工程，改革的关键在于以能力为中心设置课程，以课程建设带动教材、实习基地、师资队伍建设；改革的重心在于以学生为本，遵循教育教学规律，符合学生身心发展规律；改革的目标指向为服务地方经济和社会发展需要。人才培养模式改革定位明确，导向清晰。

1. 根据东莞理工学院的定位——地方应用型大学，确定法学专业的人才培养目标是培养适应地方需要的应用型法律人才。学生就业的岗位群定位为以东莞为中心的辐射珠三角地区的包括法官、检察官、律师、法律顾问以及其他企事业单位从事法务工作的岗位。由于东莞以及珠三角地区经济发达，对于既懂法律又懂管理和经济的复合型人才需求旺盛，因此，法学专业人才模式改革确定以应用性、复合性、地方性为导向。

2. 科学界定专业人才的核心能力即职业能力。所谓职业能力，主要是指运用法律概念、原理和规则发现法律事实和法律问题，并运用法律思维方式分析法律关系、处理法律问题的技术和能力。学校为了培养这种技术和能力，必须实施实践性教学方法，训练学生在具体案件中学习法律、分析法律、解释法律和使用法律，使学生掌握找到法律和使用法律的方法，形成其法律职业能力。

3. 法学专业的整个培养过程就是学生职业能力的养成过程。无论是学生司法考试的准备还是学生的实习实训，都服务于训练学生分析法律、解释法律和使用法律的能力。人才培养模式改革的重点之一就是如何帮助学生通过全国司法考试，包括通过改革教学方法、改革考试方法、改革教材编写等途径进行。近年改革力度最大的就是法学综合实训课程和民法案例实践教学等综合性课程的设置。职业能力养成就是如何让学生在具体案件中学习法律、分析法律、解释法律和使用法律。另外一门课程是“模拟法庭”，从2013—2014下学年开始，由司法实务部门与法学专业共同合作开设，不仅实现法官、律师参与课堂教学，而且实现了巡回法庭进课堂。东莞市中级人民法院、东莞市第一人民法院都在东莞理工学院的模拟法庭开过庭，东莞市第一人民法院院长陈斯、东莞市中级人民法院知识产权庭长程春华都亲自挂帅开过庭。

4. 根据法学人才培养目标的应用性、复合性、地方性特点，改革课程，配置教学环节，编写教材、建设实习基地，建设教师队伍，改变教学方法等。在学校教学质量评估中，法学专业获得专家的好评与认可。

5. 改革课程设置，遵循教育教学规律，通过法条的解析与运用、案例教学、情景式教学、模拟法庭等符合学生身心发展规律，寓教于乐、通俗易懂、理论联系实际的教学方法的使用；通过针对性明显的法学综合实训以及民法案例实践教学的开设，整个法学专业教学改革充分体现以学生为本，促进法学教育健康、持续、协调发展的要求。

（四）建设法律人才培养平台

法律人才培养平台建设的主要形式就是建立“高校与实务部门和高校与高校联合培养人才”机制，包括与东莞市第一、第二产业人民法院、广东众达律师事务所、广州市仲裁委员会东莞分会联合培养卓越法律人才；与东莞市科技局、东莞市知识产权局联合培养知识产权法律人才、科技法律人才；与华南理工大学、暨南大学联合培养法律硕士（知识产权方向或民商法方向）；与东莞理工学院其他专业合作培养“商—法”“电—法”“工—法”复合型人才。具体内容包括：建立了学院与实务部门人员互聘制度，积极邀请实务部门有较高理论水平和丰富实践经验的专家到学校任教；鼓励支持学院教师到实务部门挂职；完善“学校—实务部门联合培养”模式，强化与实务部门的合作，重点培养应用型、复合型法律职业人才；探索“学校—地方政府共同培养”模式，加强与地方政府部门的合作；探索“学校—学校联合培养”模式，实现资源共享、优势互补，努力建设一支专兼结合的法学师资队伍。

四、人才培养模式的成效与影响

（一）人才培养模式改革的实践创新

1. 课程设置的创新：如综合训练课程的开设，大量实务课程的开设，经济管理类课程的开设。

2. 复合型、文理交叉人才培养的创新。卓越法律人才实验班培养复合型法律人才，法学（知识产权）辅修专业培养文理交叉的从事知识产权实务的人才。

3. 学生职业能力表述的创新。把学生司法考试训练与培养学生职业能力统一为培养学生分析法律、解释法律和使用法律的能力，这样就使得整个法学教学有了清晰的目标指向。

4. 培养机制的创新。建立“高校—实务部门“联合培养人才的机制。

东莞理工学院法学人才培养养模式改革特色可以用一个面向、三个导向、五个创新来概括。

一个面向就是面向东莞地方需要；三个导向就是以应用性、复合性、地方性为导向，进行课程设置和人才培养模式改革；五个创新就是课程设置的创新，复合型、文理交叉人才培养的创新，学生职业能力表述的创新，培养机制的创新，教材编写内容与形式的创新。

（二）法学专业人才培养模式改革的成效与影响

法学专业人才培养模式的改革取得一定的成绩，获得东莞市政府、学生以及学校评估的评估专家的肯定。东莞市委把法学专业人才培养模式探索的实践写进《中共东莞市委关于深入贯彻党的十八届四中全会精神全面深化法治东莞建设的实施意见》中，近三年法学专业学生的司法考试通过率是全国平均水平的 3 倍，2013 年，法学专业学生的就业率达到 100%，近三年法学专业学生的专业满意率在东莞理工学院名列前茅。

1. 关于本专业改革的领先水平，本项目是在经济发达地区地方院校进行的法学专业人才培养模式的创新与改革，在这种类型的院校率先进行的地方卓越法律人才培养的试点和面向地方理工科专业进行的培养文理交叉人才的法学（知识产权）辅修的实验，因此实践创新在同类院校中明显领先。

2. 法学专业的课程改革包括面向司法考试而开设的法学专业综合实训以及在重点培养学生职业能力的综合课程模拟法庭上引进情景教学。对所有的法学专业而言，这种探索为解决法学专业学生准备司法考试与参与日常教学以及职业能力培养的冲突问题提供了有益的参考。

3. 本专业改革的理论成果中包括 11 篇教研论文，其中 1 篇在全国权威期刊《法制与社会发展》发表，1 篇在 CSSCI 发表，2 篇在 CSSCI 扩展版发表，2 篇发表在中文核心期刊上，其余都发表在学报等重要刊物上。

4. 本专业改革中的教材全部都是在国家级出版社出版，其中 3 部是在高等教育出版社出版。教材中有普通高等教育“十一五”国家级规划教材 1 部，“十二五”职业教育国家规划教材 1 部。

5. 本专业改革的支撑项目有 5 个省级教改项目，包括 2 个省级质量工程项目、1 个省级教改项目、1 个省级教学成果奖培育项目、1 个省级精品资源共享课项目。支撑成果建设项目等级在东莞理工学院各专业中领先，在同类院校的法学专业中领先。

（三）进一步推广应用的可能性及预期前景

本专业改革于 2005 年 7 月获得校级重点课题立项，2007 年获得广东省教育厅立项，2012 年教育厅立项课题结项，项目的研究成果开始用于法学专业的人才培养方案，法学专业开设了以课程为中心的实践教学改革，2013 年法学专业综合改革获得校级 A 类课题立项，2014 年强昌文教授主持的法学专业综合改革和郑玉敏教授主持的卓越法学人才培养计划试点专业同时获得 2014 年广东省质量工程立项。

2014 年，法学专业的人才培养模式改革进入一个新的阶段，这一年法学专业举办了卓越法律人才实验班，培养复合型法律人才；举办法学（知识产权）辅修专业，培养文理交叉的从事知识产权实务的人才；同时，开设法学专业综合实训、民法案例实践教学等项目型课程，对模拟法庭课程进行改革，推进真实法庭进课堂工作。法学专业与司法实务部门展开深度合作。2015 年 4 月，郑玉敏教授主持的“地方卓越法律人才培养机制创新的理论与实践”获批 2014 年度广东省教育教学成果奖培育项目。

10年间法学专业以应用性、复合性、地方性为导向，在课程设置、师资队伍建设、实习基地建设、教材建设、人才培养机制建立等方面做出了大胆而有益的探索与实践，为国内同类高校的法学专业建设和人才培养提供了有价值的经验，具有重要的现实意义和较高的推广意义。

五、人才培养模式改革与创新的启示

东莞理工学院以建设高水平应用型理工大学为目标，以智能制造技术与工程为主攻方向，因此，未来依托于学校的理工科背景及自然科学技术优势的法学专业就必然承担着为地方制造业发展提供法律人才保障的任务。在制造业发达、经济发展水平较高的珠三角地区，文理交叉、商法交叉的复合型法律人才、知识产权人才需求旺盛，随着该地区产业转型升级后对高层次人才的需求增强，具有理工科背景的专业法律硕士也必然走俏。因此，随着东莞理工学院办学定位与发展目标明晰，法学专业的人才培养体系特点凸显，即依托学校理工科背景与学科优势，加强多学科交叉与渗透，形成复合型特色的法学本科、法学第二学位、知识产权辅修以及具有理工背景的专业法律硕士培养体系，实现“商—法”“电—法”“工—法”等跨专业联合办学，成为广东省发展新兴交叉学科和应用型文科的示范基地。基于以上目标，建设适应高水平应用型理工大学发展需要的法律人才培养平台势在必行。

第三节

地方理工科大学法律创新人才培养模式创新成果总结报告

一、人才培养模式创新探索的背景分析

法学本科专业2004年开始招生，目前法学专业除开办普通班外，还开办卓越法律人才实验班和法学（知识产权）辅修学位班，培养适应地方需要的应用型、复合型法律人才，目前已形成多元化的“法律+”创新法律人才培养新格局。

法学专业开办之初，主要是沿用以教师的理论讲授为主和以课堂教学为中心的封闭的培养方式与方法。传统的学科教育导致了法学专业定位不清、应用人才属性未能彰显，培养的人才与地方需求脱节，学生司法考试通过率低，毕业生就业专业对口率低，学生转专业比例高等问题。表面上可归结为单一的法学学科人才培养与地方实际需要的复合型、应用型人才的不相适应以及一般性的法学人才培养与东莞的地方发展对法律人才的个性需要的不相适应，而背后折射的深层次的原因，则是本科地方院校的法学专业在定位为培养应用型法律人才后，仍然沿用传统的培养学科式人才的课程体系、实践教学体系以及高校专业自身的封闭培养人才方式等传统培养人才体系。因此要培养现代的创新型法律人才，就必须构建法律创新人才培养的新体系。

二、构建法律创新人才培养新体系的理论研究和实践探索过程

（一）实现法学专业人才培养模式创新首先必须明确人才培养定位

《教育部　中央政法委员会关于实施卓越法律人才教育培养计划的若干意见》（教高〔2011〕10号）要求探索“高校—实务部门联合培养”机制；《中共东莞市委关于深入贯彻党的十八届四中全会精神全面深化法治东莞建设的实施意见》提出了创新法治人才培养机制、注重法学理论教育和实践结合、培养造就法治人才及后备力量的要求。根据以上要求和学校人才培养定位，法学专业确定培养东莞地方需要的应用型、复合型法律人才。

（二）对人才培养模式、课程体系、培养机制、实践教学体系构建进行系统研究

法学专业一共获得十项省级教改项目立项：

1. 专业综合改革类：强昌文主持2014年广东省质量工程项目——法学专业综合改革。

2. 人才培养体系类：郑玉敏主持广东省普通高校特色创新类项目——地方理工科大学法学专业培养创新研究。

3. 人才培养模式和培养机制类：郑玉敏主持2014年广东省质量工程项目——卓越法学人才培养计划试点专业和2014年度广东省教育教学成果奖培育项目——地方卓越法律人才培养机制创新的理论与实践。

4. 实践教学体系类：郑玉敏主持省级教改项目“应用型法律人才培养与法学专业实践教学体系改革的研究与实践”。

5. 教学方法类：郑玉敏主持广东省教育科学“十一五”规划2010年度课题应用型法律人才培养与教学手段和教学方法的改革。

6. 课程建设类：郑玉敏主持2012年度省精品资源共享课——合同法学和2015年度广东省高等教育教学改革项目（本科类）综合教改项目立项——面向卓越法律人才培养的民商事法课程群改革与建设；龚红兵主持2014年应用型本科院校“知识产权法”课程案例化、网络化和双语化教学平台建设的研究与实践，以及2011年高等院校法学专业“知识产权法”课程双语教学的理论与实践研究。

（三）法律创新人才培养新体系构建实践开始正式实施

2014年，根据东莞经济和社会发展对应用型法律人才的需求特点，法学专业以地方性、应用性、复合性为导向调整专业结构，改革人才培养模式，开设了卓越法律人才培养试验班和法学（知识产权方向）辅修学位和辅修专业。法学专业也在原来培养应用型法律人才的基础上不断创新，积极探索培养“法律+工商”“法律+管理”“法律+金融”“理工科+法律（知识产权）”等复合型法律人才，形成了多元化的创新法律人才培养格局。

三、法律创新人才培养新体系的主要内容

（一）课程体系改革

针对多元化创新法律人才培养的个性特点设置和开发了不同的课程模块，解决传统的平面式法学专业学科式课程体系与应用型、复合型法律人才培养的不相适应问题。形成传统的理论课教学模块、现在的应用型课程模块、经管类课程模块和知识产权法学四位一体的立体化课程模块，服务于多元化“法律+”的创新法律人才培养。

（二）实践教学体系改革

用阶段递进、环节互动的方法解决理论教学与实践教学、第一课堂与第二课堂分割以及实践教学体系不能涵盖学生实践能力培养过程的问题。

应用型法律人才培养的核心是职业能力的培养，而传统的学科教育培养体系中以单一的毕业实习为主的实践教学模式无法涵盖学生职业能力形成的全过程。因此必须根据学生职业能力的形成过程构建三位一体的立体化、阶梯式实践教学体系。

所谓立体化、阶梯化实践教学体系，从横向讲实践教学体系包括实训、实习、第二课堂三个部分，从纵向讲每个部分又包括三个环节。实训包括课内实训、专门的实训课程、综合性实训三个环节；实习包括岗位认知、岗位实习、毕业实习三个阶段；第二课堂包括专业教师指导的专业活动，实务部门指导的实习以及学生独立开展的法律宣传、模拟法庭等专业法律实践活动三个环节。每个环节和每个部分都是从低到高、从简单到复杂、循序渐进地培养学生能力的过程。

（三）人才培养机制改革

签订联合培养协议建立协同培养人才机制。实务界全过程地参与人才培养，解决封闭的单一的高校单独培养人才途径无法实现法律人才与地方和岗位需要的适应度和契合度问题。

学校通过与行业院所和地方市镇政府签订合作培养和全面共建协议的形式，充分利用地方和行业资源服务于法律专业人才培养。校地和校院所合作的内容包括人才培养、课题研究、地方服务、学生实习等方方面面，贯穿于法律人才培养的全过程。

（四）建立系统化的第二课堂

学校通过整合高校、社会、政府多方力量，构建配合第一课堂的培养学生法律思维和法律信仰的第二课堂，解决学生自我学习、自我管理、自我组织能力的训练不足问题。

第二课堂的设计和活动安排密切结合地方的法治实践，在普法用法中培育学生的法治思维和法治信仰；第二课堂的开展在体现学生的主体地位的同时，充分发挥专业教师的主导、学生工作部门的协调以及地方实务界的组织和法学名流的参与等多方面作用；实现学生社团活动与第二课堂体系建设的一体化推动。

在解决以上问题的基础上，以系统化、协同化思路布局整个法律人才培养的各个要素，建设专兼职相结合的理论与实务结合的教师队伍，完善实习基地和教学平台建设，编写应用型教材，系统推进第二课堂建设。

四、法律创新人才培养新体系实施的主要成绩

（一）制订并不断完善了多元化法律创新人才培养方案

多元化创新法律人才培养方案见表1－1所列。

表1－1 多元化创新法律人才培养方案一览表

序号	名 称	培养目标	知识结构	培养机制
1	法学专业人才培养方案	适合地方需要的应用型法律人才	理论—实务结合	高校—地方协同培养
2	卓越法律人才培养实验班人才培养方案	适合地方需要的应用型、复合型法律人才	商—法复合	高校和地方协同培养和法学与经管协同培养
3	法学（知识产权方向）辅修学位培养方案	适合地方需要的文理交叉的知识产权法律人才	工—法交叉	法学—理工科协同培养

（二）出版教学研究专著情况

成果完成人对本成果进行了总结提炼，出版教学研究专著2部，发表教研论文18篇，见表1－2所列。

表1－2　成果完成人出版教学研究专著情况

序号	名　称	作　者	出版时间	出版社
1	稳中求变——法学教学改革论文集	强昌文、郑玉敏等	2015年11月	合肥工业大学出版社
2	法学专业人才培养模式研究	强昌文、郑玉敏著	2017年6月	合肥工业大学出版社

（三）成果完成人出版应用型教材情况

成果完成人主编出版应用型教材见表1－3所列。

表1－3　成果完成人主编出版应用型教材一览表

序号	教材名称	主　编	出版社	出版时间
1	民商法实训教程	郑玉敏	合肥工业大学出版社	2017年6月
2	民商法综合实训模拟	郑玉敏	合肥工业大学出版社	2017年6月
3	新编民法理论与实务	郑玉敏	高等教育出版社	2015年2月
4	合同法学	郑玉敏	厦门大学出版社	2014年1月
5	民法学	郑玉敏	清华大学出版社	2012年2月
6	民法理论与实务	郑玉敏	高等教育出版社	2009年2月
7	新编经济法实用教程	郑玉敏	大连理工大学出版社	2004年9月

（四）人才培养成果

法学卓越班学生学术论文出版情况见表1－4所列。

表1－4　法学卓越班学生出版学术论文集表

书　名	作　者	指导教师	出版社	出版时间
追求法治	2014级法学卓越班全体学生	强昌文、郑玉敏等	合肥工业大学出版社	2017年5月

国家统一司法考试是法学专业学生积极参与的国家级法律从业资格考试，近三年的全国通过率均维持在10%左右。而我校法学专业学生的通过率在近三年基本维持在30%左右，体现出扎实的法学理论功底。法学专业学生司法考试通

过率见表1－5所列。

表1－5 法学专业学生司法考试通过率

序号	职业技能类型名称	年级	学生数	通过人数	通过率（%）	通过率（%）国家标准
1	司法考试	2009	103	29	28.2	12
2	司法考试	2010	100	33	33	11
3	司法考试	2011	147	41	27.8	10
4	司法考试	2012	150	50	30	6

法学毕业生就业率调查统计见表1－6所列。

表1－6 法学毕业生就业率调查统计表

序号	就业年度	就业率（%）	专业对口率（%）
1	2012	97.22	—
2	2013	97.50	—
3	2014	98.32	70.91
4	2015	98.13	70.80
5	2016	99.32	71.92

五、本成果的推广

（一）推广价值

对地方本科院校和理工科大学法学专业改革的推广意义。本成果内容覆盖了人才培养的各个要素。这些成果对培养应用型法律人才的地方高校有参考价值；法学专业依托于学校的理工科背景及自然科学技术优势，致力于培养文理交叉、商法交叉的复合性法律人才、知识产权人才，对于理工科大学法学专业改革具有借鉴意义。

（二）教材使用

郑玉敏教授主编的高等教育出版社出版的“十一五”国家级规划教材《新编民法理论与实务》、清华大学出版社出版的高等学校法学系列教材《民法学》和厦门大学出版社出版的高校法学“十二五”规划教材《合同法学》分别被国内一些高校选为指定教材

（三）本成果推广途径

1. 法律与社会工作学院（知识产权学院）网站：http：//zfx. dgut. edu. cn/。

2. 关注微信公众号："莞工 2014 级法学卓越班""莞工 2015 级法学卓越班""莞工 2016 级法学卓越班"

3. 卓越法律人才培养网站：http：//zfx. dgut. edu. cn/plus/list. php？ tid=103

4. 省级精品资源共享课网站：http：//219. 222. 189. 2/

六、法律创新人才培养新体系构建中的主要创新

（一）构筑多元化的"法律+"人才培养格局

为了适应东莞理工学院举办应用型本科和建设高水平理工科大学发展的需要，适应东莞经济和社会发展对应用型、复合型法律人才的需要，学校构筑多元化的"法律+"人才培养格局。在培养过程中以能力培养和素质养成为中心构建培养人才体系。实现学生实践能力培养、课程体系整合、实践性教学体系建立、实训课程改革、实训教材编写与集中实习环节落实、第二课堂和学生社团活动一体推进；既注重学生能力培养，又注重培育学生的法律思维和法律信仰。

（二）建立协同合作的人才培养机制

（1）建立高校和行业联合培养机制。根据地方需要定位人才培养目标，地方和行业负责人进入学校专业指导委员会；与行业签订合作培养人才协议；行业与高校合作开发课程，行业参与人才培养全过程。

（2）建立高校和地方合作培养机制。地方与高校签订全面共建协议，合作内容包括人才培养、课题研究、地方服务、学生实习等；教师参与地方法治和社会建设。学生参与教师的科研和学术研究；根据地方需求改革课程，配合地方需要安排实习时间；形成常态化的学生实习安排和对接机制。

（3）法学专业和其他专业合作培养复合型法律人才。

（4）充分整合高校、政府、社会各方力量参与学生培养和构建第二课堂体系。

（三）人才培养体系构建中的系统化思维和立体化构建

法学专业培养的多元化的法律人才是现代的创新型法律人才。法律人才培养新体系的构建要实现由传统的平面式学科式理论化课程体系向以应用为主的现代的立体化课程体系的转变；由传统的实践教学体系向立体化阶梯式实践教学体系转变；由高校专业的单一封闭式人才培养途径向"高校与实务部门联合培养"和法学专业与经管专业协同化培养转变；由分散的学生课外活动向系统化培养学

生法律思维和法律信仰的第二课堂体系转化。

七、本成果的社会评价

1.《南方都市报》2017 年 3 月 31 日专题报道法学专业改革的报道——培养复合人才，加强专业改革：促进地方行业全过程参与学生培养，包括真实法庭进课堂、根据地方法治建设需要开设课程，实现法学教育、法学研究与地方法治建设的深度融合。

2.《南方日报》2017 年 6 月 19 日专题报道法学专业："法律+"应用型法务人才的创新培养方式。肯定法学专业"工—法"和"商—法"的改革和以应用性、复合性、地方性为培养导向，让法学专业毕业生就业率和专业对口率一直保持较高水平，提高法学专业毕业生与东莞法治事业发展对法律人才需要的适应度和契合度。

3.《南方日报》2017 年 6 月 19 日专题报道法学专业培养高素质应用型法务人才：法学专业建立了"高校—地方"和"高校—行业"的联合培养法律人才机制。法学专业通过与行业院所和地方政府签订合作培养和全面共建协议，充分利用地方和行业资源服务于法律专业人才培养。作为地方理工科高校中的法学专业，应着力培养适应地方需要的应用型法律人才，制订了培养"商—法"复合的应用型法律人才的卓越法律人才班培养方案和培养"工—法"交叉的知识产权法律人才培养方案，专业建设方向与学校发展智能制造学科战略相得益彰。

4. 汕头大学工程教育研究中心胡文龙博士评价本成果："精准对接了地方需求，针对法律人才培养的问题，构建了多样化的专业方向和较为完善的实践教学体系和协同育人平台"。

第二章

人才培养方案的特色以及人才培养方案与地方的契合度

第一节

东莞市复合型法律人才和知识产权人才需求调研

由于东莞及珠三角地区特殊的地理位置和外向型的经济发展模式，东莞及珠三角地区对法律人才的需求一直保持旺盛的势头。经过广泛的调研，我们发现，珠三角地区特别是东莞地区法律人才特别是复合型法律人才短缺已经成为制约当地法治进程和推进相关企业进一步转型升级的主要瓶颈。有鉴于此，我们在遵循国家、省相关文件和《东莞理工学院创新发展战略规划（2013—2020）》《法律与社会工作学院发展规划（2015—2020）》的前提之下，结合东莞和珠三角地区对法律人才的特殊需求，对 2016 级人才培养方案进行了修订。方案经过法学专业全体老师民主讨论、学生代表意见反馈，反复修改后经专业指导委员会共同讨论通过。

一、珠三角地区特别是东莞的法治政府和法治社会建设急需复合型、应用型法律人才

1. 东莞作为较大的市已经获得了地方立法权，但立法人才无法满足现实的立法需要，缺少专业性高层次立法人才；

2. 行政执法任务与执法力量不匹配，东莞实行市直管镇的特殊行政架构，人流物流资金高速流动，社会管理任务异常繁重，矛盾纠纷多发易发，导致行政执法任务重，压力大，与行政执法力量的配备不相适应；

3. 法院案多人少矛盾十分突出，面对繁重的工作任务，审判人员常年加班加点，身心疲惫，全部时间和精力都用于应付办案任务，影响了对其他工作的思考和创新；

4. 基层司法人员配备不足，难以满足基层治理法治化的要求；

5. 法律服务类人才短缺，难以满足外来务工人员的法律服务需求。

二、珠三角特别是东莞制造业的转型升级和优化需要大量知识产权人才

依据2015年9月广东省人民政府《关于贯彻落实〈中国制造2025〉的实施意见》（粤府〔2015〕89号），广东省要加快推动制造业转型升级和优化发展，加快实现由制造大省向制造强省转变。根据意见的要求，东莞要“构建智能制造自主创新体系”，其中无论是机器人产业中的关键核心技术，还是智能化基础制造与成套装备的核心技术，以及智能电子制造成套设备、自动化生产线、新能源制造装备、先进交通高端装备等，都需要科技成果的转化和知识产权的保护。东莞地区企业众多，按照国际惯例，一般企业应按技术人员的4%比例设立知识产权人才，这就使得东莞企业的知识产权人才严重供不应求。近几年东莞企业知识产权遭遇的国际纠纷越来越多，但东莞能够应对这些诉讼的知识产权高级人才却是屈指可数。东莞作为世界工厂，不断提高企业的知识产权创造、运用、管理和保护水平，是制造业发展的重要资源和竞争力的核心要素。因此培养“理工+法律”交叉的知识产权人才，对东莞经济发展的重要作用不断凸显。

三、人才需求调研情况

（一）用人单位反馈意见调查情况

2014—2015年度，法律与社会工作学院以法学、行政管理专业毕业生所在用人单位为调查对象，对东莞市城市综合管理局凤岗分局等11个各类型单位进行了用人意见调查。得到主要反馈意见如下：

1. 课程应注重提高外语、写作等基本教学的质量；
2. 在课程安排和日常管理中应加强实践操作能力的培养；
3. 应与多种性质的单位建立合作关系，完善就业指导服务工作。

上述三方面反馈意见表明，当前社会人才需求着重偏向能力，注重知识的应用，青睐有实践操作能力的应用型法律人才。这一市场需求情况是我们制定专业培养目标时考虑的决定性因素。

（二）学生就业情况与就业意向调查

虽然社科文献出版社发布的大学生就业蓝皮书显示，法学专业连续三年被评为失业量较大、就业率低且薪资较低的专业，但是由于东莞以及珠三角地区经济发达、企业众多、东莞获得地方立法权以及镇区变“市”等，使得这一地区对法律人才的需求保持强势增长，毕业生就业趋势持续向好。

法学专业毕业生的就业去向分布广泛，司法机关及律师事务所、政府机关、企事业单位各占三分之一左右。显示法学专业学生在公务员招聘考试中具有较强的竞争优势，同时三分之一学生在司法机关及律师事务所工作，也与法学专业学生通过司法考试的比例相符，表明培养过程中司法考试导向作用明显。

（三）专业在地方产业、行业的地位和作用调查

东莞人才市场供需状况显示，法学专业人才的需求较多：首先，近两年东莞市公务员公开招聘中有一半职位要求法学专业人才，是所有专业中最多的；其次，近年东莞法院、检察院增级的扩容速度加快，专业法律人才需求增加；再次，东莞的数万家企业对企业法务人才的需求数量庞大。

从我院学工办发布的《法律与社会工作学院毕业生人才市场需求状况调查报告》来看，接受调查的11个不同类型用人单位中平均26.66%的单位对我校毕业生非常满意，90%的用人单位对我校毕业生都比较满意；所有用人单位都认为我校法学专业人才培养工作适应社会发展的要求。

（四）专业培养方案的制订依据

卓越法律人才教育培养计划试点拟解决的关键问题是探索职业化法律人才培养机制和模式，克服当前法学教育当中理论与实践脱节的弊端。从法学教育的职业化特色出发，卓越法律人才教育培养计划试点课程设置注重与实务部门的对接，广泛听取实务部门的意见和建议，按照实务部门的需求来制订人才培养方案。针对当前高等教育大众化的发展趋势，我校尝试探索精英人才教育，构建我校与法律实务部门的联合培养机制，打造“双师型”法学师资队伍，造就一批适应社会主义法治国家建设需要、服务地方经济建设的卓越法律职业人才。

建设目标是按照国家“卓越法律人才教育培养计划”的要求，探索地方应用型大学培养应用型法律人才的机制，通过借鉴外部已有的培养模式和经验，利

用法学专业良好办学基础，改革和创新我院法律人才培养模式，加强专业的应用性、复合型、地方性、特色性建设，发挥专业优势，提高人才培养质量，提升专业服务地方经济社会发展的贡献度，推进法学专业综合改革，培养适应地方需要的高素质应用型法律人才。

第二节

法学专业2015级人才培养方案修订报告

一、培养方案制订的依据

（一）培养方案的制订依据

（1）根据《教育部　中央政法委员会关于实施卓越法律人才教育培养计划的若干意见》；

（2）根据教育部高等教育司《关于法学专业核心课程的说明》；

（3）《关于修订2015级本科专业人才培养方案的通知》，（教务〔2015〕19号）；

（4）东莞理工学院教务处《关于修订2015级本科专业人才培养方案的原则意见》；

（5）法律与社会工作学院学工办《法学专业市场需求调查》。

（二）培养方案的制订过程

（1）征求专业指导委员会成员意见；

（2）召开法学专业教师座谈会征求意见；

（3）召开学生座谈会征求意见；

（4）征求用人单位意见。

（三）教学计划的实施

（1）实行高校和司法实务部门联合培养方式；

（2）教学计划由教务处统一监督实施，法律与社会工作学院提供教学环节的保障；

（3）课程安排及教学环节落实必须严格遵循教学计划，未经规定程序不可进行调整；

（4）法律与社会工作学院应通过适当方式确保让每个老师和学生了解该计划。

二、本专业毕业要求

（一）素质要求

（1）政治素质；

（2）法律职业道德；

（3）法律思维方式；

（4）健康身体与心理。

（二）知识结构

（1）外语、计算机知识；

（2）经济学、管理学知识；

（3）专业法学知识。

（三）专业能力

（1）理解和运用法律和法规的能力；

（2）诉讼业务能力；

（3）非诉讼业务能力。

三、课程设置与培养规格的对应关系

（一）专业培养目标与学校总体培养目标的对应关系

法律与社会工作学院专业培养目标与学校总体培养目标的对应关系见表2－1所列。

表2－1　学生培养目标对应关系表

学校目标 / 专业目标	与地方发展适应度高	专业基础扎实	知识面宽	实践能力强	创新精神	国际视野
适应社会主义市场经济和国家法治事业建设的需要	√	√	√	√	√	√
熟悉法学基础理论和基本知识	√	√	√	√	√	√

（续表）

学校目标 专业目标	与地方发展适应度高	专业基础扎实	知识面宽	实践能力强	创新精神	国际视野
具备较强的解决法律实际问题能力	√	√	√	√	√	√
高素质应用型法律人才	√	√	√	√	√	√
……						

（二）专业培养目标中的知识、能力、素质与设置课程的对应关系

法律与社会工作学院专业培养目标中的学生知识、能力、素质与课程设置的对应关系见表2－2所列。

表2－2 学生培养需求与课程设置的对应关系表

培养要求	实现途径			
	课程类别	课程性质	课程群	课程名称（学分）
基本素质	通识课	必修	政治素质课	毛泽东思想和中国特色社会主义理论体系概论、当代西方哲学、形势与政策
			体育与健康课	军训、体育、体育达标测试、心理学、就业指导
			语言和计算机知识课	基础英语、英语口语、应用英语、实用英语写作、大学英语应用能力达标测试、大学计算机基础、多媒体技术与应用、信息资源检索、大学语文
法学专业知识	法学专业课	必修	学科基础课	法学专业导论、法理学、宪法学、中国法制史、刑法学、民法学、民事诉讼法、刑事诉讼法、行政法与．行政诉讼法
			专业课	经济法学、商法学、国际法学、国际私法、国际经济法、知识产权法、劳动与社会保障法
经济学管理学知识	专业拓展课	选修	经济学拓展	经济学原理、证券与投资、货币银行学
			管理学拓展	管理学原理、会计学原理、初级财务管理

（续表）

培养要求	实现途径			
专业能力	法律实务课程	选修	职业道德	司法礼仪、法律职业规范
			法律思维	法律方法、法律论辩、法律文书写作、经典案例判解
			诉讼业务	证据法实务、审判与执行实务、检察实务、法庭审判模拟、律师事务
			诉讼业务	公证实务、仲裁实务、调解实务、
综合专业能力	综合实践课	必修	综合应用课	司考技巧训练、法律经典阅读、岗位实践、毕业论文
			综合实践课	岗位认知、毕业实习

四、企业行业专家参与人才培养方案制订情况

专业指导委员会成员以及与我院联系密切的知名院校专家和司法实务专家以通讯方式参加了人才培养方案的制订。葛洪义教授提出要开透大法特别是民商法，意见被采纳，本教学计划民法学 208 学时；东莞市第二人民法院院长陈葵认为应该设心理学课程，意见被采纳。暨南大学法学院院长提出要通过综合实训方式解决准备司法考试与培养学生专业核心能力的矛盾，该意见被采纳。本教学计划开发了一门面向实际问题、以专业综合训练为目的的项目性课程——专业综合实训。实务界普遍认为应该集中开课，以便他们参与教学，意见被采纳。

五、课程设置变化情况

法律与社会工作学院课程设置变化情况见表 2－3 所列。

表 2－3　法律与社会工作学院课程设置变化情况表

增加的课程	删除的课程	增删课程的原因说明
根据人才培养以及课程群建设的预期成果开设项目型课程《司考技巧训练》	—	根据《关于修订 2015 级本科专业人才培养方案的原则意见》，各专业在第 4 至第 7 学期中的每个学期至少开发一门面向实际问题、以专业综合训练为目的的项目性课程

（续表）

增加的课程	删除的课程	增删课程的原因说明
将原来的限选课改为选修课	—	2015 年教学计划课程划分中没有限选课程这一类别。需要根据原来的限选课程的重要性重新进行分类
把民法学 1 的学时由 48 到 64 学时	—	实践表明总论的学时 48 不够用
把司法礼仪、法律论辩、法律方法、法庭审判模拟设置为项目型课程	—	方便实务人士上课，加强学生综合能力培养
	删除法律职业规范	该课程与司法礼仪重复

第三节

2016 级法学专业（卓越计划班）人才培养方案修订报告

一、人才需求调研情况

2016 级法学专业（卓越计划班）的本次人才培养方案修订主要以市场需求调研、教育部卓越法律人才教育培养计划以及国外经验三个方面作为修订依据。

（一）市场需求

由于东莞及珠三角地区特殊的地理位置、外向型的经济发展模式、东莞及珠三角地区对法律人才的需求一直保持旺盛的势头。以科研课题[①]、实地调研、基层合作等多种形式，通过对市人大、市政府部门、基层政府部门、企事业单位、

① 2016 年，受东莞市政法委委托，完成了“全面深化法治东莞建设：现状、问题和对策研究”课题；2016 年，受东莞市人大内司工委委托，完成了“关于《行政诉讼法》在莞实施情况评估”课题。

社会公众的广泛调研，我们了解到，珠三角地区特别是东莞地区法律人才特别是复合型法律人才短缺已经成为制约当地法治进程和推进相关企业进一步转型升级的主要瓶颈之一。

1. 应用型法律人才的需求缺口

（1）东莞作为已经获得了地方立法权的市，但立法人才无法满足现实的立法需要，缺少专业性高层次立法人才；

（2）行政执法任务与执法力量不匹配，东莞实行市直管镇的特殊行政架构，人流物流资金高速流动，社会管理任务异常繁重，矛盾纠纷多发易发，导致行政执法任务重、压力大，与行政执法力量的配备不相适应；

（3）法院案多人少矛盾十分突出，法官员额制改革以后，对法律专业人才的需求进一步增强；

（4）基层司法人员配备不足，难以满足基层治理法治化要求；

（5）法律服务类人才短缺，难以满足外来务工人员的法律服务需求。

（二）复合型法律人才的需求缺口

随着社会经济和技术的发展，法律问题的出现和解决都包含复杂的社会、经济、技术等背景要求。无论是法官、律师、企业法务部门，还是公务员队伍，都需要大量既懂法律，又懂经济、科技等知识的复合型法律人才。例如，东莞各政府部门，如审计、监察、工商管理、环保、住建、科技等，都存在对兼有法律和工商管理、英语、技术等复合型法律人才的需求。随着形势的发展，对审计人员的素质提出更高的要求，特别是在计算机、工程、环保等方面，审计人员的专业知识水平有待提高；工商局需要管理和法律双重专业背景的人才；科技局需要与科技和法律双重专业背景的人才；环保局需要的是有环境和法律双重专业背景的人才；住建部门需要的是要建筑和法律双重专业背景的人才。

而经济、管理和法律是具有很强的理论性和应用性的学科领域，它们的融合将产生巨大的学科综合优势。具有经济、管理和法学综合知识的复合型人才既具有扎实的理论基础，又具有很强的应用和实践能力，完全符合经济全球化对新型人才的需要，这种复合型人才在人才市场上无疑将具有显著的竞争优势。

（三）教育部、中央政法委员会文件的要求

《关于实施卓越法律人才教育培养计划的若干意见》（教高〔2011〕10 号，以下称《意见》）认为，提高法律人才培养质量成为我国高等法学教育改革发展最核心最紧迫的任务。而培养应用型、复合型法律职业人才又是实施卓越法律人才教育培养计划的重点。《意见》要求强化学生法律职业伦理教育、强化学生法

律实务技能培养，提高学生运用法学与其他学科知识方法解决实际法律问题的能力，促进法学教育与法律职业的深度衔接。主要体现在以下几方面：

（1）培养涉外法律人才。培养一批具有国际视野、通晓国际规则、能够参与国际法律事务和维护国家利益的涉外法律人才。

（2）探索“高校—实务部门联合培养”机制，共同制定培养目标，共同设计课程体系，共同开发优质教材，共同组织教学团队，共同建设实践基地。

（3）探索“国内—海外合作培养”机制，积极推进双方的教师互派、学生互换、学分互认和学位互授联授。

（4）强化法学实践教学环节。加强校内实践环节，开发法律方法课程，搞好案例教学，办好模拟法庭、法律诊所等。充分利用法律实务部门的资源条件，建设一批校外法学实践教学基地。

参照《意见》的要求，结合本地的实际情况，我们有重点、分步骤地制订和推动我院卓越法律人才教育培养计划。

（四）英国高等教育质量保证署的法律《学科基准声明》

英国高等教育质量保证署于2007年重新修订了法律《学科基准声明》，对高等院校的法律本科教育的课程提出基准要求，设定了法学本科毕业生应当具备的专业素养和能力要求①。英国的法学教育不但具有丰富的教学和管理经验，而且形成了一套卓有成效的现代法学教育制度，可以作为我们参考和借鉴的对象（见表2-4所列）。

表2-4　英国法律本科教育对学生专业素养和能力要求一览表

要　求		法学本科教育	法律职业本科教育
专业能力	专业知识	掌握关于法律体系的原则性特征的知识，通晓法律相关机构和法律程序	掌握专业领域的综合法律知识
		掌握核心专业知识扩展开的一系列课题的原则和价值	在实践程序和实体法律问题上，具有广泛而精确的知识
		针对特定专业内容有较深的知识	在实践和程序上掌握广泛的细节知识
		法律相关背景知识的学习，能够专业性地阐述法律运作的模式	熟练地运用专业技术规则和程序

① Quality Assurance Agency for Higher Education 2007 for Law，见 http：//www. qaa. ac. uk/Publications/InformationAndGuidance/Documents/Law07. pdf.

（续表）

要求		法学本科教育	法律职业本科教育
专业能力	应用和解决问题	在法律范畴内有效阐述并适用专业知识，出现学术争议时运用专业知识探讨问题，发现学术疑难问题并就未决的争议提供自己的解决方法	在复杂的技术层面，综合掌握法律知识和程序知识；通过对大量事实的分析，发现和解决相关法律和程序问题
	搜索资料的能力	运用第一手法学资源和期刊；能够识别当代的法律争论，并且能够精确地运用专业知识	能够针对复杂的问题，以精确的职业水平，独立地寻求技术性的解决办法；
一般知识技能	分析、综合推理、判断和评价	从政策和学术重要性的角度识别问题；能够进行明确的学术综合分析和总结；独立地从学术理论和其他特定政策角度评价法律；通过不同的分析问题和适用材料的途径提出新的、有独创性的解决办法	在技术层面发现问题和整合新资料；结合学术和实践进行分析，针对客户的要求提供选择办法；通过不同的分析问题和适用材料的途径提出新的、有独创性的解决办法
	主动地自主学习能力	能够在有限的指导下，独立地计划和安排学习任务	能够在有限的指导下，独立地计划和安排学习任务；
		批判性反思能力，能够自我总结自学内容；学生能够寻求和运用反馈信息	批判性反思能力，能够自我总结自学内容；学生能够寻求和运用反馈信息
重要技能	专业沟通和读写能力	以专业形式参与学术争论；正确运用法律术语进行流畅而复杂的写作；能够广泛阅读与法律相关的专业著作并且精确总结其要点	有专业的语言和文字表达能力，能准确使用法律术语表达，能阅读一系列关于法律的复杂的书籍和报告，并能有效总结其内容
	计算、信息技术	能够使用技术工具，收集相关数据、资料和信息	能够使用技术工具，收集相关数据、资料和信息
	团队能力	能够作为团队成员有效地参与团队工作	能够作为主导者或团队成员有效地参与团队工作

综上所述，我们在遵循国家、省相关文件和《东莞理工学院创新发展战略规划（2013—2020）》《法律与社会工作学院发展规划（2015—2020）》的前提之下，按照基于学习产出的教育模式（OBE）的理念，结合东莞和珠三角地区对法律人才的特殊需求、经验累积与借鉴和我校实际情况，对2016级法学专业（卓越计划班）人才培养方案进行了修订。方案经过法学专业全体老师民主讨论、学生代表意见反馈，反复修改后经专业指导委员会共同讨论通过。

二、重点完成情况

（一）专业培养目标与学校总体培养目标的一致性判断

学校与学院专业人才培养目标见表2-5所列。

表2-5　学校与学院专业人才培养目标一览表

学校人才培养总目标	坚持知行合一、立德树人，着力培养适应现代产业发展需求，勇于担当、善于学习、敢于超越的高素质应用型创新人才
学院人才培养目标	坚持知行合一，立德树人，着力培养勇于担当、善于学习、敢于超越、社会适应能力强、踏实肯干、具有创新和竞争意识、富有团队合作精神、身心健康且专业基础扎实、专业技能突出的专业应用实践型人才
专业人才培养目标	培养适应东莞和珠三角地区法治发展需要的勇于担当、善于学习和敢于超越的掌握法学基本专业知识，具备运用法律分析问题与解决问题的基本能力，具有基本的经济管理能力与素养，独立主动探索，能胜任法学专业要求和法律职业工作的高素质复合型、应用型法律人才
支撑情况说明	1. 全覆盖开设多门学科基础课程；2. 开设多门项目类和方法技能类课程，培养分析和解决问题的能力；3. 为适应和满足社会发展对复合型法律人才的需求，开设了多门经济管理类课程；4. 强调自主学习与批判性反思，培养创新能力；5. 强调法律实践能力，开设多门实践性法律课程和安排两次专业实习，着力培养应用型法律人才

（二）本专业毕业要求与学校人才培养标准的对应关系

1. 学校人才培养标准

标准1：具有坚定的理想信念，热爱祖国，遵纪守法；

标准2：具有高度的社会责任感和良好的职业道德；

标准3：具有健全人格、健康体魄和良好的人文素养；

标准4：具有良好的沟通协调能力和团队合作精神；

标准5：具有信息获取、知识更新和终身学习的能力；

标准6：具有扎实的专业基础和一定的跨学科知识；

标准7：具有较强的解决产业行业实际问题的能力；

标准8：具有批判性思维、创新精神和创业意识；

标准9：具有国际化视野和跨文化交流合作的能力。

2. 本专业毕业要求

（1）素质要求

A1. 思想品德素质：热爱祖国，忠于人民；信仰法治，勇于担当；严于律己，诚信友善。

A2. 文化素质：涵养人文，崇尚科技；关心社会，热爱自然；创新精神，创业意识。

A3. 身心素质：健康体魄，健全人格；宽容心态，理性思维；沟通意识，团队精神。

A4. 专业素质：具备法学基本知识，熟悉法学专业理论，拥有法律实务能力，坚持法学思维方法。

（2）知识要求

B1. 人文社会科学知识：掌握社会主义基本理论知识，具备哲学、社会学知识、文史知识、心理学知识、经济学知识和管理学知识。

B2. 自然科学基础知识：熟悉计算机基本知识，能熟练运用基本的多媒体技术。

B3. 工具性知识：掌握必要的英语基础知识和专业英语知识，掌握信息检索的方法，会独立开展社会调查，能够撰写法律文书和了解学术研究方法，具备一定的创业技能。

B4. 学科基础知识：系统掌握法学基本理论知识、法律史学知识、宪法学知识以及国际法学知识。

B5. 专业知识：熟练掌握刑法学、民商法学、经济法学、程序法学知识以及仲裁、调解、审判等法律实务知识。

B6. 跨学科知识：基本掌握经济学、管理学、会计学、财务管理和证券投资等理论和实务知识。

（3）能力要求

C1. 公共能力：具备较强的口头表达能力、较好的文书写作能力、良好的沟通协调能力和过硬的外语和计算机能力。

C2. 运用专业知识的能力：具备理解法律的能力、解释法律的能力、从事诉讼和非诉讼业务的能力。

C3. 创新创业能力：具备思辨能力、法律应用能力、社会交往能力、管理和组织协调能力。

C4. 发展能力：具备知识更新和终身学习的能力、理论联系实际的应用能力、创新精神和创业意识。

3. 毕业要求与学校人才培养标准的对应关系

毕业生与学校人才培养标准见表 2－6 所列。

表 2－6　毕业生与学校人才培养标准对照表

	标准 1	标准 2	标准 3	标准 4	标准 5	标准 6	标准 7	标准 8	标准 9
A1	√	√	√	√					
A2	√	√	√	√	√	√		√	√
A3		√	√	√				√	√
A4		√			√	√	√		
B1			√		√	√		√	
B2						√			
B3				√	√	√	√	√	√
B4					√	√			
B5						√	√	√	
B6						√	√		√
C1			√	√				√	√
C2				√	√	√	√		
C3					√		√	√	
C4					√		√	√	√

（三）重点要素体现情况

重点要素体现情况见表 2－7 所列。

表 2－7　重点要素体现情况一览表

重点要素	完成情况
学科专业基础保障	学科基础课涵盖主要的法学二级学科，保证学生学到全面扎实的法学基础知识
核心课程保证	16 门核心课程，共计 45.5 学分，保证学生通过学习能具备民商事法、刑法、程序法、法律实务等法学专业知识
实践环节保证	大幅增加了课内实践、校外实践环节，设置了两个阶段的实习环节，为培养应用型人才提供保证

（续表）

重点要素	完成情况
多专业方向	课程设置涉及理论法学、宪法与行政法学、刑事司法学、民商经济法学等专业方向
跨学科培养	设有五门基础经管课程。二级学院内统一设置院内公选课，打通法学、行管、社工三个专业课程，培养具备法学专业知识、又有行政管理能力和社会工作能力的综合性人才
项目引导	第4至第7学期各设置1门项目型课程，培养学生法学知识的综合运用和实践能力
校企合作	在岗位实习、暑期专业实践、毕业实习方面与司法机关、政府部门、律师事务所等有深入合作规划
其他特色	为应对东莞立法人才短缺的现状，开设地方立法实务课程；为满足东莞对法律服务人才的大量需求，开设律师职业能力训练课程

三、课程设置的主要变化

学院课程设置的主要变化见表2-8所列。

表2-8　课程设置变化情况表

序号	主要变化
1	响应学校要求，为扩大学生自主学习空间，本次人才培养方案的总学分要求和各环节学分要求均大幅减少。具体来说，总学分由2015年的194.5分减少为170.5分，专业核心课程从2015年的54分减少为2016年的45.5分；在保证实践教学学分比基本不变的前提下，实践教学总学分由2015年的52分减少为41.5分
2	为提高学生的实践能力，在继续开设“法律经典阅读”“民法案例实践教学”“模拟法庭”等实践性课程的基础上，再增设了三门项目型实践课程，包括“经典民刑案例判解”“律师职业能力训练”“地方立法实务”
3	由于从2018年起，国家司法考试改为全日制本科毕业才能报名，因此课程也进行了相应调整，将“专业综合实训”整合调整为“仲裁实务”“调解实务”“刑法案例教学”“行政法案例教学”“国际法案例教学”“诉讼法案例教学”等选修课程
3	为提高学生的综合素质、创新创业能力和社会调查研究能力，整合院内资源，打通法学、行政管理和社会工作三个专业，开设了“公共价值与公共精神”“东莞地方法治与社会治理”“西方哲学史”“创新创业专题”等院内选修课程和方法类课程“社会调查方法”

四、企业行业专家参与人才培养方案制订情况

2016—2017 年，法律与社会工作学院法学专业建设委员会多次召开法学专业人才培养方案论证会，邀请企业行业专家参与人才培养方案的制订。2017 年 1 月 11 日，法学专业建设委员会邀请了本市司法机关、政府机关和法律实务单位的多位专家学者，特别包括东莞市中级人民法院审委会委员程春华博士、东莞市律师协会陈锡康会长和东莞市法制局赵文群副局长等参加论证；2017 年 2 月 23 日，东莞市人大常委会副主任李满堂和东莞市人大常委会法制工委主任陈俊荣等也接受邀请，就法学专业的人才培养方案的制订与改进提出建议。

各位专家基本肯定 2016 级法学专业（卓越计划班）的人才培养方案，也进一步分别从专业方向、课程设置和实习等方面提出了建议。

从专业发展方向，赵文群提出，2016 年出台了《关于推行法律顾问制度和公职律师公司律师制度的意见》，我国将推动在党政机关设立法律顾问和公职律师、在国有企业设立法律顾问和公司律师、在事业单位建立法律顾问制度。因此法学专业的人才培养要跟上社会发展的需求。陈锡康提出，复合型的法律人才是未来法学专业的发展方向。学院提出的法律+经济管理和知识产权+工科背景非常有意义。

在课程设置方面，程春华认为，课程中应当多设置实务性内容，使法学理论和实务能力紧密结合。陈锡康提出，卓越班可以考虑增加双语课程，强调培养英语应用能力。李满堂提出，东莞市特别缺乏具有地方立法方面的人才，建议设立关于地方立法的相关课程。

从实习角度，程春华特别称赞了卓越班的双实习环节安排，并建议在 2017 年以后全国司法职业资格考试改革以后，提早并增加毕业实习的时间。赵文群表示，本市党政机关非常需要和欢迎法学专业的实习生。陈俊荣特别要求并欢迎法学专业学生到东莞市人大法工委实习。

法律与社会工作学院法学专业建设委员会在本次人才培养方案修订中，也采纳了专家学者们的多项建议，增加了多门实务性课程，开设了“地方立法实务”课程，将邀请立法、司法、行政、律师、企业界的各位专家参与授课；提早并延长了毕业实习的时间，以加强学生实践能力的训练并满足实务部门的需求。

第三章

地方理工科大学人才培养方案的制订与实施

第一节

深化法学教育改革　培养法治人才

一、加强理想信念教育，强化法治人才队伍思想政治建设

长期以来，东莞理工学院把思想政治建设摆在工作首位，加强理想信念教育，深入开展社会主义核心价值观和社会主义法治理念教育，坚持党的事业、人民利益、宪法法律至上，加强法治人才队伍建设，提升法治人才队伍专业水平和职业素养。创新法治人才培养机制，坚持用马克思主义法学思想和中国特色社会主义法治理论全方位占领本校法学教育和法学研究阵地，加强法学基础理论研究。坚持立德树人、德育为先的导向，推动中国特色社会主义法治理论进教材进课堂进头脑，培养熟悉和坚持中国特色社会主义法治体系的法律人才及后备力量。建设一支高素质学术带头人、骨干教师、专兼职教师队伍，打造一个政治立场坚定、理论功底深厚、熟悉中国国情的高水平法学家和专家团队。

二、加强法学学科专业建设

目前，东莞理工学院已将法学纳入第二批重点建设学科项目。法学专业在办

学之初就把面向珠三角、扎根东莞、融入地方、为地方经济和社会发展培养高素质应用型法律人才作为己任，近年，通过举办卓越法律人才培养实验班和知识产权（辅修）专业，努力培养复合型人才、文理科交叉应用型法律人才。在人才培养目标制定的科学性与合理性上不断进行改革和探索，在努力培养珠三角区域经济建设社会发展适应度高、基础扎实、知识面宽、实践能力强、具有创新精神和国际视野的高素质应用型法律人才上下功夫。法学专业培养目标是培养复合型、应用型法律人才。目前法学专业的本科法学教育包括普通班法学专业、“卓越法律人才培养”实验班以及知识产权（辅修）专业。

面向全校工科生开设法学（知识产权方向）辅修专业，探索文理交叉的复合型、应用型人才培养模式。2014 年起，法学专业率先在全院开设文理交叉的知识产权辅修专业。法学专业依托知识产权中心，充分利用法学专业知识产权方向教师的优厚资源，在 2014 年首届就招收 170 名学生，目前该辅修专业进展顺利，正在筹划第二期招生。

面向法学专业招收卓越法律人才班（每年招收 30 人，注重法律实践和知识的复合性）。为提升法学专业教育水平、法律人才的职业素养与竞争力，促进法学专业教育的整体优化，东莞理工学院法律与社会工作学院法学专业从 2014 年起面向新生进行二次选拔，设立“卓越法律人才”培养实验班，与东莞实务界共同培养地方卓越法律人才，落实“卓越法律人才培养计划”。实验班按照复合型、应用型人才培养模式改革的基本要求和内在规律，以“掌握扎实法律基础知识、具有熟练法律应用技能”为导向，与实务部门深度合作，共同确立培养目标，共同设计课程体系，共同开发优质教材，共同组织教学团队，共同建设实践基地，创新法律人才培养机制。在办学过程中，学校努力探索地方应用型大学培养应用型法律人才的机制，通过借鉴外部已有的培养模式和经验，利用法学专业良好的办学基础，改革和创新法律人才培养模式，加强专业的应用型、复合型、地方性、特色性建设，培育专业优势，提高人才培养质量，提升专业服务地方经济社会发展的贡献度，推进法学专业综合改革，培养适应地方需要的高素质应用型法律人才。目前实验班改革探索工作顺利。

法律与社会工作学院建立了专业建设指导委员会。为加强学院与社会的紧密结合，积极推进行业、企业和社会有关方面参与专业建设和管理的全过程，建立学院与社会合作共赢的新机制，培养适应地方社会发展和经济建设需要的高素质应用型人才，学院成立了专业建设指导委员会，来自企业和行业的校外委员占 60%。专业建设指导委员会成员以多种方式参与教学活动和教学改革活动。

东莞理工学院法律与社会工作学院还成立了法治东莞协同创新中心、社会治理研究中心。

第二节

卓越法律人才培养实验班实施方案

一、卓越法律人才的特征

地方应用型高校主要承担着为地方培养应用型法律人才的任务。“卓越法律人才”，顾名思义就是优秀的法律人才，而地方卓越法律人才除了具备一般卓越法律人才的基本特征外，还应该具备地方性的特征。所谓地方性就是符合地方经济和社会发展需要。我国地域辽阔，不同地区的经济和社会发展程度差别巨大。沿海和内地对法律人才的业务能力需求不完全相同，改革开放地区、经济发达地区、社会矛盾突出的地区，工业化程度较高地区、少数民族地区、讲方言地区以及地方习惯和民族习惯较多的地区，每个不同特点的地区都需要符合地方需要的卓越法律人才。

地方卓越法律人的特征要求地方高校法学专业应探索出一条面向社会、面向未来，体现应用、体现符合，突出法律职业法务能力训练，突出地方发展特色，由地方高校协同地方司法部门共同培养的新的人才培养路径，这将是地方性高校法学教育的生存与发展之道。

卓越法律人才的卓越性需要精英教育模式。目前我国地方的高等教育逐渐走向大众化，但培养精英人才与地方法学教育大众化并不矛盾。法学院培养的人才要能够熟练掌握法律知识、掌握处理各种社会和法律问题的能力。这本身就是社会需要的精英人才。但法律人才培养必须坚持以大众教育为主、兼顾精英教育的理念。

二、举办卓越法律人才培养实验班的必要性

地方高校法学专业改革可以以举办地方“卓越法律人才”实验班为契机，

探索地方应用型法律人才的培养路径。卓越法律人才的培养过程应该注重以下几个方面：

第一，实行高校—实务部门联合培养机制。高校与实务部门共同确定培养目标、共同设计课程体系、共同开发优质教材、共同组织教学团队、共同建设实践基地。

第二，突出实践环节。实践课程不少于15%，开展分阶段实习，配备专职实习导师，对学生实习实行全跟踪管理和监督。

第三，强化导师对实验班学生专业与人格的双重引导。学生在专业课老师的指导下进行专业知识学习，在实务部门导师的指导下进行法律职业训练。

第四，重视课程改革。针对培养应用型和复合型法律人才的要求，学院一方面尝试开设法律适用、法律推理、法律谈判、经典案例评析、庭审技巧、调解实务、文书写作、律师实务等技能型课程；另一方面开设一些经管财经类课程，再次重视具有地方特色课程的开发。比如改革开放地区的课程设置应体现国际视野，培养的人才既熟悉基础知识，又懂得专业知识；既熟悉国内法律法规，又熟悉国际法律知识以及国际经贸、外语等方面的知识，以适应改革开放地区对涉外法律人才的需求。同时，这些地区的地方高校应重视民商法课程的教学。

第五，加强“双师型”教师队伍建设。高校可以聘请实践经验丰富的法务人员为实践指导老师，安排相应的法律实务课程讲座；同时，也可以通过教师兼职、挂职等方式丰富其实践教学能力。

第六，改革教学评价与考核体系。考试内容以客观题、案例题为主，主要考核学生理解和运用法律、法规的能力，同时尽量与专业资格考试内容接轨，培养学生的职业能力。

三、地方卓越法律人才培养计划的制订

地方卓越法律人才教育培养试点工作，拟解决的关键问题是探索职业化法律人才培养机制和模式，克服当前法学教育当中理论与实践脱节的弊端。从法学教育的职业化特色出发，地方卓越法律人才教育培养计划试点课程设置注重与实务部门的对接，广泛听取实务部门的意见和建议，按照实务部门的需求来制订人才培养方案。针对当前高等教育大众化发展趋势，尝试探索精英人才教育。构建高校与法律实务部门的联合培养机制，打造“双师型”法学师资队伍，造就一批适应社会主义法治国家建设需要、服务地方经济建设的卓越法律职业人才。建设目标是按照国家“卓越法律人才教育培养计划”的要求，探索地方应用型大学

培养地方应用型法律人才培养的机制，通过借鉴外部已有的培养模式和经验，利用法学专业良好的办学基础，改革和创新学院的法律人才培养模式，加强专业的应用性、复合型、地方性、特色性建设，培育专业优势，提高人才培养质量，提升专业服务地方经济社会发展的贡献度，推进法学专业综合改革，培养适应地方需要的高素质应用型法律人才。

（一）明确地方卓越法律人才的知识、素质、能力结构

1. 素质要求

（1）政治素质；

（2）法律职业道德；

（3）法律思维方式；

（4）健康身体与心理。

2. 知识结构要求

（1）外语、计算机知识；

（2）经济学、管理学知识；

（3）专业法学知识。

3. 专业能力要求

（1）理解和运用法律和法规的能力；

（2）诉讼业务能力；

（3）非诉讼业务能力。

（二）明确地方卓越法律人才的培养目标和培养标准

1. 培养目标

培养具有较高的人文科学素养、宽广的国际视野、良好的法律职业道德，具备扎实系统的法学知识和较强的法律实务技能以及解决实际问题的能力，能适应地方经济社会发展和多样化法律职业要求的应用型、复合型法律人才。

2. 培养标准

卓越法律人才培养标准包括基础素养、专业素养和职业素养三方面。基础素养要求学生具有较高的人文和社会科学素养、较强的现代社会信息处理和分析能力、较强的沟通和交流能力、探索精神和创新能力、较为宽广的国际视野和较强的国际交流能力。专业素养要求学生具备扎实的法学知识、法律实务工作技能、较强的法律思维能力和法学研究能力以及较强的创造性思维、批判性思维和独立判断的能力。职业素养要求学生具有正确的人生观、价值观、复合型知识结构和良好的法律职业道德。

（1）牢固树立社会主义法治理念，坚守法律职业道德和执业操守，热爱法律职业，正直善良，诚实守信，恪尽职守，认真履行职责，自觉维护宪法和法律的权威与尊严，具有强烈的社会正义感和责任感。

（2）掌握扎实丰富的法学理论知识和法律专业知识，具有深厚的法学素养和宽广的法律视野，养成独特的法律逻辑思维能力和判断能力。

（3）加强专业课程的交叉与融合，拓宽学生的知识领域，使其掌握必要的经济学、管理学及外语等方面的专业知识。

（4）引导学生深入社会、了解社会和正确地认识社会，为以后的法律从业工作积累必要的社会经验和良好的心理素质。

（5）强化法律实务技能培养，使学生具有较强的实践应用能力和创新能力、较强的语言表达能力和文字驾驭能力，能够熟练地运用专业知识和法律思维与方法分析、解决实际问题。

（6）根据法律职业的特殊要求，对学生进行有针对性的训练和培养，使其具备良好的法律职业道德操守和综合素质，能够出色地胜任法律职业的要求。

3. 培养方式

（1）实行“高校—实务部门联合培养”机制。高校与实务部门共同确定培养目标、共同设计课程体系、共同开发优质教材、共同组织教学团队、共同建设实践基地。

（2）突出实践环节。实践课程不少于15%，开展分阶段实习，配备专职实习导师，对学生实习实行全跟踪管理和监督。

（3）建立良好的学生自主学习支持系统。通过师资保障和平台建设，为学生专业学习、专业实践和创新课题提供支持。

（4）实行双导师制。强化导师对实验班学生专业与人格的双重引导。学生在专业课老师的指导下进行专业知识学习，在实务部门导师的指导下进行法律职业训练。学院试图通过复合指导的模式，促进法学教育与法律职业的有效衔接。

（5）在课程体系和教育模式上，实行小班授课，尽量采用启发式、论辩式、案例式教学方法来启发同学的思维。

（6）教学过程中卓越法律人才将试点“法律+经济”复合性课程设计和人才培养。

（三）地方卓越法律人才培养计划的创新与改革

1. 创新培养过程

（1）高校—实务部门联合培养；

（2）积极推行“双证书”（学历文凭证书和司法资格证书）制度；

（3）增加实践教学，改善实践教学条件，创新实践教学模式；

（4）采用案例式和模拟式等多元化的教学方式，引导学生自主学习；

（5）通过“专兼聘”结合的方法，建设“双师型”教学团队。建立常态化、规范化的与法律实务部门人员互聘制度，继续积极聘请法律实务部门有较高理论水平和丰富实践经验的专家到我校任教，大力支持我校教师到法律实务部门挂职，使校内教师与兼职教师相互配合、相互促进，努力建设一支专兼结合的高水平法学师资队伍。

（6）瞄准专业发展前沿，面向东莞经济社会发展需求，更新完善教学内容。

（7）双导师制联合指导，建立用人单位、教师、学生共同参与的评价机制。

（8）改革学习考核方式，突出考查学生分析问题和解决问题的能力。

2. 创新课程体系

地方卓越法律人才培养的课程应该对应卓越法律人才的知识、素质、能力结构，设置应该体现应用性、复合性和地方性特征。

（1）通识课应主要包括政治素质课、体育与健康课和语言与计算机知识课，主要服务于地方卓越法律人才的基本素质的培养。

政治素质课包括：毛泽东思想和中国特色社会主义理论体系概论、当代西方哲学、形势与政策等。

体育与健康课包括：军训、体育、体育达标测试、心理学、就业指导等。

语言和计算机知识课包括：基础英语、英语口语、应用英语、实用英语写作、大学英语应用能力达标测试、大学计算机基础、多媒体技术与应用、信息资源检索、大学语文等。

（2）法学专业课包括学科基础课和专业课，专业课应主要考虑地方需要，强化专业方向特点。

学科基础课包括：法学专业导论、法理学、宪法学、中国法制史、刑法学、民法学、民事诉讼法、刑事诉讼法、行政法与行政诉讼法等。

专业课主要考虑地方法律人才需要，比如经济发达地区要加大经济类、改革开放类、知识产权保护和劳资纠纷解决方面的法律比重，一般主要包括：经济法学、商法学、国际法学、国际私法、国际经济法、知识产权法、劳动与社会保障法等

（3）专业拓展课主要是体现复合型特点的课，如果是培养法律+经济方面的人才，那么专业拓展课应主要包括：经济学原理、证券与投资、货币银行学；管理学原理、会计学原理、初级财务管理等。

(4) 法律实务课应主要体现课程的应用性特点，包括以下内容：

一是职业道德的司法礼仪、法律职业规范；

二是法律思维类的法律方法、法律论辩、法律文书写作、经典案例判解；

三是诉讼业务类的证据法实务、审判与执行实务、检察实务、法庭审判模拟、律师事务；

四是非诉讼业务类的公证实务、仲裁实务、调解实务；

五是法律实务课部分分不同的实务岗位分类设置，学生可根据拟从事的岗位方向进行选修。

(5) 综合实践课主要是综合训练和实训实习课程。主要服务于学生参加司法考试和熟悉岗位工作情况。包括综合应用课和综合实践课两部分。

综合应用课包括司法考试技巧训练、法律经典阅读、岗位实践、毕业论文。这部分主要是课程的综合学习和训练。

综合实践课包括岗位认知和毕业实习。学生通过分阶段实习培养岗位工作能力。

地方卓越法律人才的培养是一项综合的系统工程，根据卓越法律人才的特点应采用试验班的方式进行探索实验；地方卓越法律人才的课程设置应体现地方性、应用性和复合性特点；地方卓越法律人才的培养必须依托地方实务部门，实行高校与实务部门联合培养；地方卓越法律人才培养过程中的教材建设、双师队伍建设也非常重要。目前很多高校正在探索地方卓越法律人才培养的机制和特点，努力培养适应中国法制建设的地方卓越法律人才。

第三节

应用型理工科大学知识产权人才培养路径

东莞理工学院法律与社会工作学院不断更新教育观念，面向学校全体理工科学生开设法学（知识产权）辅修专业和第二学位，大力培养以理工科为背景的知识产权应用型人才，为东莞市发展创新型经济提供有力的人才支撑，硕果丰硕。学院从2014年9月就面向全校非法学专业学生开设了法学（知识产权方向）辅修专业（已经毕业136人，其中有1名同学考入华南理工大学法律硕士，3名同学考上硕士研究生；10名同学现在已经从事与知识产权有关的工作）；2015年招收第一届法学（知识产权）双学位（在读学生90人）；2016年招收第二届法学（知识产权）双学位（已经招生62人）。故法律与社会工作学院以开设法学（知识产权）辅修专业、法学（知识产权）双学位的方式，培养了近300名以理工科为背景的知识产权应用型人才，人才培养硕果丰硕。

一、培养目标

东莞理工学院法律与社会工作学院力求在开设的法学（知识产权）双学位、法学（知识产权）辅修专业的过程中所积累的经验基础上，不断提高以理工科为主体的应用型知识产权法律人才的培养模式，力争在“双师型”师资队伍建设、实践性课程体系和课程内容的构建、知识产权实践教育基地的培育等方面积极探索，为社会培育出高水平的应用型知识产权法律人才。

二、拟解决的关键问题

（1）针对现有的法学（知识产权）双学位、法学（知识产权）辅修专业的教学计划，适当增加“专利信息检索与应用”“专利申请书撰写”等的实务课程；

（2）充分利用“知识产权远程网络教育平台”、学校网络教学平台和互联网优势，并依托中国知识产权远程网络教育平台（广东省知识产权远程教育分平台http：//elearning. ciptc. org. cn/public/index？ v=0&r=0），同学们可以根据自己的时间自主选课，按进度要求完成网络在线学习。

（3）在校外知识产权教育实践基地建设上，法律与社会工作学院应与企业知识产权管理部门、知识产权中介服务机构等单位加强合作，努力探索，建立起具有特色的知识产权教育实践基地，增强学生解决知识产权实际问题的能力。

三、具体改革内容

（1）充分发挥我校理工科专业优势的特点，将法律与社会工作学院与学校的工科优势结合起来，在“依托理工、法管融合”的理念下，我校法律与社会工作学院要形成特色鲜明的应用型知识产权人才培养模式。

（2）采用选修课、必修课、网络课程以及报告会等多种形式，在高校中面对不同专业的学生开展知识产权普及教育，大幅度提高高校学生知识产权意识。

（3）依托法学（知识产权）双学位、法学（知识产权）辅修专业，进一步加强对理工科学生的知识产权法基础知识的灌输，使学生们在具有扎实的理工科专业知识的基础上，具有较强的专利技术信息的检索和应用、研发和保护的意识。

（4）开门办学，加强知识产权的实践教育环节训练，在知识产权基本理论课程的基础上，在内容上增加具有较强实践性的课程。

（5）加强与企业知识产权管理部门、知识产权中介服务机构等单位的合作，完善知识产权教育实践基地建设，提高学生解决知识产权实际问题的能力。

（6）根据市场主体对知识产权专业人才的要求，结合不同专业的不同特点，加强知识产权课程体系建设，文理交叉，科技与法律并举，管理与外语兼具。

（7）知识产权的管理、应用和保护涉及法学、管理学和经济学等学科，因此，知识产权人才的培养必须拥有一支具有多学科专业背景的师资队伍，加强学校各院系师资力量的整合，加强跨学科人才培养平台的建设，应是我校今后发展的方向。

（8）我校应进一步加强知识产权人才培养的“双师型”师资队伍建设，加强对知识产权司法界、实务界的专家的聘任，使学生们在聆听这些实务精英们精彩讲课的同时，学生们也走出课堂，走入法庭和企业，真切地从一个个具体的案例来学习、掌握知识产权。

四、实施方案

（1）（课程内容、体系的建设）突出课程的案例化、加强实践教育环节训练，在知识产权基本理论课程的基础上，增加在内容上具有较强实践性的课程。

根据市场主体对知识产权专业人才的要求，结合不同专业的不同特点，加强知识产权课程体系建设，文理交叉，科技与法律并举，管理与外语兼具；

（2）（师资力量的建设）制订高校知识产权师资培养计划，加大从知识产权工作一线和其他相关领域聘请师资的力度；

（3）（中国知识产权远程网络教育平台的充分利用）将传统的知识产权课堂授课模式与网络教学平台优势相结合，在充分发挥传统的课堂教学优势的同时，充分发挥网络教学的便捷性、交互性和主动性。

（4）（知识产权实习基地建设）要加强校外知识产权教育实践基地建设上，建立起具有特色的知识产权教育实践基地，增强学生解决知识产权实际问题的能力。

五、实施方法及具体实施计划

（1）逐步增大“实践性”课时的比例，灵活地开展实践性教学。例如，在

2016年9月增大“专利检索”课程时数，提高同学们的实际操作能力；设定相应的检索主题进行检索，突出老师的传帮带的作用；加强技术交底书、专利申请书、专利答辩意见等专利申请的各个环节中的实务操作环节的指导；加强商标检索、商标申请、商标异议等商标注册、维持等环节的实际操作。

（2）鼓励任课老师带领学生“走出教室、走出学校”，到司法实践的大课堂学习——增大实践性课时的比例。

在2016—2017学年度，带领同学们到华为、中兴等知识产权优势企业参观、学习。

（3）以考试、抽查等形式，加强指导并督促学生通过中国知识产权远程网络教育平台（广东省知识产权远程教育分平台）来选修相关课程，真正提高同学们通过网络教育平台学习的学习质量。

在2016—2017学年，各专业课老师必须将知识产权网络教育平台中的2～3门课程列为自己课程的必修内容，该课程的网络考试成绩计入学生的平时成绩。

（4）要加大聘用知识产权实务型专家的力度，力争在2017年6月，聘用知识产权实务型专家3～6名，并为知识产权双学位学生授课。

（5）积极探索聘请校外知识产权专业团队，对全校理工科学生普及专利检索、专利信息的分析与应用等基本专利基础知识。

在2016—2017学年，聘请一个知识产权专业团队，为同学们开展专利检索、专利信息的分析与应用等基本专利基础知识的培训。

第四节

法学（知识产权）方向辅修专业培养方案

一、辅修专业招生对象和条件

招生对象：我校非法学专业大二、大三、大四学生。

招生条件：（1）已修主修专业必修课程全部合格。

（2）主修专业学有余力，对本辅修专业有浓厚兴趣。

注：欢迎大四学生选修此专业。由于学制为二年，故大四学生一般不能修满本专业的全部课程。但是，大四学生所选本专业的课程学分可以成为校公共选课的学分，并获得由理工学院法律与社会工作学院颁发的相关结业证书。

二、辅修专业的培养目标

培养目的：增强我校学生毕业后的社会竞争力，拓宽就业渠道；在“科技东莞”和“高标准建设国家知识产权示范城市”背景下，满足用人单位和社会对具有理工科知识背景的知识产权法律人才的迫切需求。

培养目标：拓宽非法学学生的法律知识面，培养具有社会主义法治理念和基本法律思维、基本掌握知识产权运用、管理和保护的相关法律知识的复合型和应用型知识产权人才，满足社会对复合型学科知识背景的知识产权服务人才，特别是专利代理服务人才的需求。

三、辅修专业的学分要求

辅修专业的学生必须修满 30 学分。

四、辅修专业的招生人数

辅修专业招收 30 ~ 150 人。

五、学习时间和开班日期

辅修专业的学制为两年。

预计开班时间为 2014 年 9 月第三周。

上课时间：（1）一般安排在周四下午或晚上；

（2）由任课教师和选课的同学协商安排。

六、辅修专业的费用

2014 年首次招生，费用全免。

七、辅修专业的教学要求

主要学习民法、刑法、知识产权法、知识产权管理、运用和保护的基本理论和基础知识，进行知识产权（专利）实务（包括专利申请文件撰写、流程管理、专利实质审查答复意见和无效宣告等）的基本训练，培养学生运用知识产权法律知识来解决企业在科技创新和技术转型升级过程中的相关知识产权问题的能力。

八、辅修证书

学生修完辅修专业教学计划所定的课程并取得相应的学分后，无须做毕业论文和答辩，即可获得由东莞理工学院颁发的辅修专业证书。

九、辅修专业教学计划

辅修专业教学计划见表 3－1 所列。

表 3－1　辅修专业教学计划表

课程性质	课程名称	学分	周学时	总学时	学时分配		考核方式	辅修学期（大二）	辅修学期（大三）
					讲课	实践			
必修专业课	民法	3	3	48	30	18	考试	3	5
	刑法	3	3	48	30	18	考查	3	5
	诉讼法	3	3	48	30	18	考查	3	5
	专利法	3	3	48	30	18	考试	4	6
	著作权法与商标法	2	3	48	30	18	考试	4	6
	商业秘密法	2	3	48	30	18	考试	4	6
	专利代理实务	2	3	48	30	18	考试	5	7
	企业知识产权管理	2	3	48	30	18	考试	5	7
	国际知识产权法	2	3	48	30	18	考查	5	7
	知识产权许可与转让（合同法）	3	3	48	30	18	考查	6	8
	知识产权前沿问题	3	3	48	30	18	考查	6	8
	12 实习	2		4 周		4 周	考查	6	8
总学分		30							

备注：

1. 辅修学期，大三学生从第 5 学期开始，大二学生从第 3 学期开始选修。两者区别在于大三学生已经学了更多的主修专业课程，但对辅修的知识产权方向专业，影响不大。

2. “专利代理实务”的实践课程是指专利申请文件撰写、审查意见答复、无效宣告提出及答复的实操训练，以及去专利代理机构对相关知识模块的学习。

3. “企业知识产权管理”的实践课是指到知名企业就该课程的实践了解和学习。

十、辅修专业的教学计划具体实施方案

（一）学生选课方案

（1）依据法学（知识产权方向）辅修专业培养方案，在两学年内，只要学生修12满门课程，或修满30学分，即可获得辅修专业证书，故学生可以根据自己的实际情况，在一个学期内可以多选本学期内开设的所有课程，课程门数不限。

（2）非法学（知识产权方向）辅修专业的学生，包括法学本科学生，也可以根据自己的兴趣选修本辅修专业的课程，经考试合格后，可以获得相应学分。

（3）在不与本专业课程冲突的情况下，积极鼓励学生选修法学本科专业中所开设的课程，即选修法学本科专业中“民法”课程，经考试合格后，可以获得4学分，可以免修法学（知识产权方向）辅修专业培养方案教学计划中的“民法”课程；

选修法学本科专业中“刑法”课程，经考试合格后，可以获得4学分，可以免修法学（知识产权方向）辅修专业培养方案教学计划中的“刑法”课程；

选修法学本科专业中“民事诉讼法”“刑事诉讼法”“行政诉讼法”课程之一，经考试合格后，可以获得3学分，可以免修法学（知识产权方向）辅修专业培养方案教学计划中的“诉讼法”课程；

选修法学本科专业中“知识产权法”课程，经考试合格后，可以获得7学分，可以免修法学（知识产权方向）辅修专业培养方案教学计划中的“著作权与商标法”和“商业秘密法”等课程；

选修法学本科专业中“合同法”课程，经考试合格后，可以获得3学分，可以免修法学（知识产权方向）辅修专业培养方案教学计划中的“知识产权许可与转让”课程。

（4）在与学生自己的全校公修课不相互冲突的情况下，积极鼓励学生选修法学院老师所开设的与知识产权有关的课程，经考试合格后，获得相应学分，可

以免修法学（知识产权方向）辅修专业培养方案教学计划中的相应的课程。

（二）教师授课方案

（1）积极鼓励教师承担相应的课程的授课任务；

（2）在坚持“教学质量第一”的前提下，教师可以根据自己的情况，在和同学们充分沟通、协商，并经所有选修的同学们同意的前提下，采用灵活的授课方式授课，灵活地安排授课时间、地点，和灵活的考试方式，例如，可以在每周四下午、晚上、周末或利用3～7天的暑期时间上课，也可以在每周两次晚上上课等；

（3）（引进来）积极鼓励教师聘请知识产权实务部门的专家来校讲课、开设专题讲座等教学活动；

（4）（走出去）积极鼓励教师在讲授专业理论的同时，带领学生到商标事务所、专利事务所、人民法院（知识产权庭）、企业等知识产权实务部门开展调研和实践性教学。

（三）关于学生实习

法学（知识产权）是一门理论性和实践性都很强的学科。实习阶段的学校效果直接影响着学生毕业后能否直接从事相关领域的工作。因此，在法学（知识产权方向）辅修专业第二阶段（即第二学年）应逐步得到强化。

作为最后综合阶段的实习课程，是指在法学专业老师的指导下，在不影响主修课程的前提下，利用周末或暑假期间，通过以下几个方面活动达到全面熟悉、掌握知识产权在保护、运用和管理过程中的情况：

（1）通过到人民法院（知识产权庭），学生们实际参加、旁听人民法院对实际知识产权案件的审理，真实地了解人民法院审理案件的具体情况；

（2）通过参观或在专利代理机构对具体案件的实操实习，掌握专利申请、代理、审查、无效等具体程序中的实际情况；

（3）通过参观或在商标代理机构的实习，了解商标注册、异议、无效等具体程序中的实际情况；

（4）通过参观或在著名企业中的知识产权部门实习，或聆听著名企业知识产权主管的讲座，了解企业在知识产权创造、管理、保护和运用中的实际情况；

（5）通过参观或在著名律师事务所中实习，或聆听著名律师事务所律师的讲座，了解律师在知识产权案件诉讼、许可等活动中的实际情况。

十一、有关情况的说明

1. 知识产权人才的复合型特点要求学生具备法学（知识产权法）、管理学和理工科的知识背景，因此建议学生选修“管理学”方向的课程。

2. 关于课程设置说明如下：

（1）民法：作为调整平等主体之间财产关系和人身关系法律规范，民法在知识产权领域运用极广，既涉及《中华人民共和国民法》总论部分民事法律关系、自然人和法人、民事法律行为和代理、诉讼时效等内容，又涉及分论部分的物权、债权、人身权等民事权利及其侵权行为的责任承担等，因此应作为重要教学内容之一。

（2）刑法：对非法学专业学生来讲，刑法非常重要。教师通过本课程的讲授，使同学们了解刑法的基本理论知识，掌握我国现行《刑法》中涉及知识产权犯罪的规定，即《刑法》所规定的“七种涉及知识产权的犯罪”，其中关于商标犯罪的有三种、关于专利犯罪的有一种、关于著作权犯罪的有两种、关于商业秘密犯罪的有一种。

（3）诉讼法：涉及知识产权的民事、刑事、行政诉讼很多，应作为重要讲授内容之一。

（4）专利法：作为科技创新成果的最好保护形式，专利制度越来越受到各级政府和企业的重视，东莞市政府也把专利作为推动东莞转型升级的重要抓手之一，因此，专利法应作为最重要教学内容之一。

（5）著作权和商标法：作为传统知识产权的三大块之一，应作为重要教学内容之一。

（6）商业秘密法：其他知识产权法，除专利、商标、版权外，实践中常遇到的知识产权还包括商业秘密、集成电路布图设计、植物新品种、地理标志以及不正当竞争等。建议对这些知识产权作为一门课讲授即可，重点讲授放在商业秘密上面。

（7）专利代理实务：涉及专利申请文件的撰写、答复专利局的审查意见通知书、提出复审和无效宣告请求，实践中以上内容是每个知识产权服务机构从业人员的必备素质之一，即使是企业研发人员，也需了解和掌握上述内容。因此，应作为重要教学内容之一。

（8）企业知识产权管理：辅修专业的培养目标之一，是学生毕业后，成为既能在企业中从事技术研发，又懂企业知识产权管理的复合型人才，因此该门课应作为教学内容之一。

（9）国际知识产权法：目前我国专利中的发明和实用新型技术领域分类采用了《斯特拉斯堡协定》、外观设计采用了《洛迦诺协定》；各级政府力推（有财政资助）的PCT申请更是和《专利合作条约》有直接关系，企业和知识产权中介服务机构人员经常用到以上条约；《TRIPS协议》和《巴黎公约》更是全国专利代理人考试的必考内容之一。因此，辅修专业学生应当了解和掌握以上国际条约。所以《国际知识产权法》应当作为教学内容之一。

（10）知识产权许可和转让（合同法）：通过合同的形式进行知识产权的许可和转让，是知识产权权利主体实现其知识产权客体的基本方式。同时，一份有效、合理、细致的知识产权许可或转让合同可以更好地保护合同双方的利用，更好地实现相关知识产权的价值。因此，非法学学生应该开设“合同法”课程。

（11）知识产权前沿问题：本课程主要以专题的形式讲授知识产权理论和司法判例的最新进展情况，讲授专利质押融资、专利保险、专利资本化等知识产权运用中的最新态势和主要发达国家的知识产权法律、法规和判例。

第五节

法学双学位专业培养方案

一、专业培养目标

法学双学位专业旨在培养德、智、体全面发展的，系统掌握法学专业基本理论与基本技能，具有较强的法治观念、扎实的法学理论素养和良好的职业道德修养，能胜任国家机关、部队、企事业单位和社会团体等部门工作的高素质、复合型、应用型法律人才。

二、培养规格及优势

1. 金融、管理、新闻类

对于将来从事金融、贸易、工商管理、公共管理和新闻等工作的学生，法律专业知识是必须具备的。选修第二学位，将使经济学、国际贸易、工商管理、财务管理、会计学、金融学等专业的学生在激烈的就业竞争中脱颖而出。

2. 理工类

中国加入世贸组织后，国家大幅度提高了知识产权的保护水平，随之而来的是知识产权人才的匮乏。理工类学生具有理工科知识背景，学习法学尤其是专利知识与专利法得心应手，为将来进入高新技术企业从事相关工作和担任专利代理人奠定了良好的基础。

3. 外语类

中国目前既懂英语又懂法律的人才大为缺乏，这类人才薪酬非常丰厚，在一线城市，外资律师事务所的年轻律师，月薪可达数万元。外语类学生修读第二学位将是明智的选择。

4. 艺术、体育类

艺术、体育类学生修读第二学位一方面可大大增强就业竞争力，拓宽就业领域；另一方面在从事本专业领域的工作时，具备法律专业知识，对于保护自身合法权益如知识产权等将大有裨益。

三、时间安排

本科第二学年至第三学年完成法学课程学习，教学时间主要安排工作日晚上与星期六、星期天。第四学年完成专业实习与毕业论文。

四、课程设置及教学安排

法学专业双学位的课程设置及教学安排见表3－2所列。

表3－2　法学双学位专业教学计划表

课程性质	课程类别	课程名称	学分	学时	学时类型		考核方式	周学时
					讲授	实验		
必修		法理学	3	54	54	—	考试	3
		中国法制史	2	36	36	—	考试	2
		宪法学	2	36	36	—	考试	2
		刑法学	4	72	54	18	考试	4
		民法学	4	72	54	18	考试	4
		行政法与行政诉讼法学	4	72	54	18	考试	4
		商法学	3	54	54	—	考试	3
		经济法学	3	54	36	18	考试	3

（续表）

课程性质	课程类别	课程名称	学分	学时	学时类型		考核方式	周学时
					讲授	实验		
		民事诉讼法学	3	54	36	18	考试	3
		刑事诉讼法学	3	54	36	18	考试	3
		知识产权法学	3	54	54	—	考试	3
		国际法学	2	36	36	—	考试	2
		国际经济法学	4	72	54	18	考试	4
	小结	国际私法学	3	54	54	—	考试	3
		劳动与社会保障法学	2	36	36	—	考试	2
		15门	45	810	684	126	—	
		公司企业法学	2	36	36	—	考查	2
必修		竞争法学	2	36	36	—	考查	2
		金融法学	2	36	36	—	考查	2
		侵权责任法学	2	36	36	—	考查	2
		婚姻家庭法学	2	36	36	—	考查	2
		合同法学	2	36	36	—	考查	2
		司法文书学	2	36	18	18	考查	2
		仲裁法学	2	36	36	—	考查	2
		证据法学	2	36	18	18	考查	2
		模拟法庭	2	36	—	36	考查	2
	小结	任选5门	10	180	—	—	—	—
专业实践		毕业论文	2	36	—	36	—	—
		毕业实习	3	54	—	54	—	—
合　计			60	1080	—	—	—	—

五、其他说明

（一）实践环节

1. 毕业实习

主要内容：与专业相关的综合性实习；实习时间可安排在第六、第七学期的假期，为期25天，计3学分。

2. 毕业论文

主要内容：根据大学四年所学专业课程内容及相关知识，结合社会现实和本专业的学术现状，依据学校布置的论文写作要求，进行专业论文的撰写。安排在第四学年内（或假期）完成，为期8周，计2学分。

（二）毕业要求

在规定的修业年限内，必须修满最低学分满60学分。取得毕业资格，并达到学校规定的授予学士学位的条件，本专业毕业后可同时授予法学学士学位。

第四章
地方理工科大学人才培养新体系的构建

第一节
立体化课程体系构建

一、立体化课程体系构建简述

学院根据应用型法律人才的职业能力和培养东莞地方法律人才的需要，构建立体化课程体系和模块。

（一）明确培养人才的就业岗位

根据东莞理工学院的定位——地方应用型大学，确定法学专业的人才目标是培养适应地方需要的应用型法律人才。学生就业的岗位群定位为以东莞为中心的辐射珠三角地区的包括法官、检察官、律师、法律顾问以及其他企事业单位从事法务工作的技能性、实务性人才。由于东莞以及珠三角地区经济发达，因此懂法律又懂管理和经济的复合型人才需求旺盛，因此确定以应用性、复合性、地方性为导向重构法律人才培养新体系。

（二）科学界定专业人才的核心能力即职业能力

所谓职业能力，主要是指运用法律概念、原理和规则发现法律事实和法律问题，并运用法律思维方式分析法律关系、处理法律问题的技术和能力。职业能力养成就是如何让学生在具体案件中学习法律、分析法律、解释法律和使用法律。法学专业的整个培养过程就是学生职业能力的养成过程。为了培养这种技术和能力，必须设置相应的课程体系和实践教学体系。实施实践性教学方法，训练学生在具体案件中学习法律、分析法律、解释法律和使用法律，使学生掌握找到法律和使用法律的方法。

（三）根据学生职业能力培养需要设置课程体系

首先在传统的理论课程之外设置应用型课程模块；卓越法律人才培养实验班增加开设经管类课程；在法学（知识产权方向）辅修学位班开设一半的知识产权实务课程。形成传统的理论课教学模块、现在的应用型课程模块、经管类课程模块和知识产权法学四位一体的立体化课程模块，服务于多元化的创新法律人才培养。

（四）校所合作开发课程

适应地方法治建设对法律人才的需要开发校所合作课程，包括模拟法庭、经典案例判解、地方立法实务、调解实务等。

二、课程设置

（一）应用型课程设置与课程创新

应用型课程设置与课程开发创新情况见表4－1所列。

表4－1　应用型课程设置与课程开发创新情况表

序号	项目型课程	校地合作开发课程	课程合作单位（主要课程承担）	开课起始年份
1	法学综合实训	—	—	2014
2	民法实践教学	—	—	2014
3	模拟法庭	模拟法庭	东莞市中级人民法院、东莞市第一、第二人民法院	2008
4	经典案例判解	经典案例判解	众达律师事务所	2015
5	司考技巧训练	—	—	2017
6	地方立法实务	地方立法实务	东莞市法工委	2017
7	—	调解实务	东莞市第二人民法院	2017
8	—	律师实务	名道律师事务所	2017
9	—	审判和执行实务	东莞市第三法院	2017
10	—	法律方法	法制盛邦律师事务所	2017
11	—	司法礼仪	东莞市中级人民法院	2017
12	—	检察实务	东莞市人民检察院	2017

（续表）

序号	项目型课程	校地合作开发课程	课程合作单位（主要课程承担）	开课起始年份
13	—	公证实务	东莞市公证处	2017
14	—	法律论辩	法制盛邦律师事务所	2017
15	民商事法实践教学	—	—	2019

（二）卓越法律人才班课程模块

卓越法律人才班开设的经管类课程见表4－2所列。

表4－2　卓越法律人才班开设的经管类课程一览表

序号	课程名称	合作院校	开课班级	开课起始年份
1	经济学原理	管理学院	2014、2015、2016法学卓越班	2014
2	管理学原理	管理学院	2014、2015、2016法学卓越班	2015
3	会计学原理	管理学院	2014、2015法学卓越班	2015
4	初级财务管理	管理学院	2014法学卓越班	2016
5	货币银行学	管理学院	2014、2015法学卓越班	2016
6	资本市场	管理学院	2014法学卓越班	2017

（三）法学（知识产权方向辅修学位）开设的知识产权法学课程模块

知识产权方向辅修学位课程见表4－3所列。

表4－3　知识产权方向辅修学位课程一览表

序号	课程名称	合作院系	开课班级	开课起始时间
1	著作权法与商标法	全校非法学会专业	2014、2015、2016知识产权辅修（学位）专业	2014
2	专利法	全校非法学会专业	2014、2015、2016知识产权辅修（学位）专业	2015
3	商业秘密法	全校非法学会专业	2014、15、2016知识产权辅修（学位）专业	2015
4	国际知识产权法	全校非法学会专业	2014、15、2016知识产权辅修（学位）专业	2015
5	专利代理实务	全校非法学会专业	2014、2015知识产权辅修（学位）专业	2016
6	企业知识产权管理	全校非法学会专业	2014、2015知识产权辅修（学位）专业	2016

（续表）

序号	课程名称	合作院系	开课班级	开课起始时间
7	知识产权许可与转让	全校非法学会专业	2014、2015 知识产权辅修（学位）专业	2016
8	知识产权前沿问题	全校非法学会专业	2014、2015 知识产权辅修（学位）专业	2017

（四）卓越法律人才班课程特色

卓越法律人才课程见表 4－4 所列。

表 4－4　卓越法律人才课程一览表

课程类别	课程性质	课程群	应修学分	课程名称（学分）	开课门数
通识课	必修	政治素质课	8	毛泽东思想和中国特色社会主义理论体系概论、当代西方哲学、形势与政策	3
		体育与健康课	10	军训、体育、体育达标测试、心理学、就业指导	5
		语言和计算机知识课	25	基础英语、英语口语、应用英语、实用英语写作、大学英语应用能力达标测试、大学计算机基础、多媒体技术与应用、信息资源检索、大学语文	9
法学专业课	必修	学科基础课	34.5	法学专业导论、法理学、宪法学、中国法制史、刑法学、民法学、民事诉讼法、刑事诉讼法、行政法与．行政诉讼法	9
		专业课	22	经济法学、商法学、国际法学、国际私法、国际经济法、知识产权法、劳动与社会保障法	8
专业拓展课	选修	经济学拓展	7	经济学原理、证券与投资、货币银行学	3
		管理学拓展	9	管理学原理、会计学原理、初级财务管理	3

（续表）

课程类别	课程性质	课程群	应修学分	课程名称（学分）	开课门数
法律实务课程	选修	职业道德	1	司法礼仪、法律职业规范	1
		法律思维	5	法律方法、法律论辩、法律文书写作、经典案例判解	3
		诉讼业务	6	证据法实务、审判与执行实务、检察实务、法庭审判模拟、律师事务	3
		诉讼业务	4	公证实务、仲裁实务、调解实务	2
综合实践课	必修	综合应用课	25	司考技巧训练、法律经典阅读、岗位实践、毕业论文	4

第二节

阶梯式实践教学体系的构建

一、阶梯式实践教学体系的构建简介

根据学生职业能力的形成过程构建三位一体的立体化、阶梯式实践教学体系。

1. 应用型法律人才培养的核心是职业能力的培养，而传统的学科教育培养体系中以单一的毕业实习为主的实践教学模式无法涵盖学生职业能力形成的全过程。因此必须转变为立体化、阶梯式实践教学体系。

2. 所谓立体化、阶梯化实践教学体系是指从横向讲实践教学与体系包括实训、实习、第二课堂三个部分，而实训包括课内实训、专门的实训课程、综合性实训环节三个部分；实习包括岗位认知、岗位实习、毕业实三个环节；而第二课堂有包括专业教师指导的专业活动；实务部门指导的实习以及学生独立开展的法律宣传、模拟法庭三个环节，每个环节内部都是从低到高，从简单到复杂的循序渐进地培养学生能力和学生能力养成的过程。

3. 近年法学专业重点落实了实践教学环节，实行统一管理的集中实习，切实把每个实践环节做实。

二、阶梯式实践教学体系课程设置

（一）卓越法律人才实验班的实践教学体系

卓越法律人才实验班实践教学体系见表4－5所列。

表4－5　卓越法律人才实验班实践教学体系一览表

课程类别	课程名称	周数	学分	实践	开课学期及周数							
					1	2	3	4	5	6	7	8
实践教学	军事训练与教育	2	2	2	2							
	法律经典阅读	5	5	5	1	1	1	1	1			
	项目和方法类课程	14	14	14						6	18	
	岗位实习	5	5	5							5	
	毕业论文	8	8	8								8
	岗位认知	2	2	2			2					
	毕业实习	10	10	10							5	5
	课内实践		3									
合计		45	48	45	3	1	3	1	1		18	13

（二）实践教学环节课程设置

实践教学环节课程设置及课时安排表（2014级法学卓越班）见表4－6所列。

表4－6　实践教学环节课程设置及课时安排表（2014级法学卓越班）

课程类别	课程名称	周数	学分	实践	上机	开课学期及周数								开课单位
						1	2	3	4	5	6	7	8	
实践教学	军事训练与教育	2	2	2		2								其他单位
	法律经典阅读	5	5	5		1	1	1	1	1				法社学院
	司考技巧训练	6	6	6							6			法社学院
	岗位实习（司法考试）	4	4	4								4		法社学院
	毕业论文	8	8	8									8	法社学院
	岗位认知	2	2	2				2						法社学院
	毕业实习	10	10	10								5	5	法社学院
	课内实践		3											
合计（8门）		37	40	37		3	1	3	1	1	6	9	13	

实践教学环节课程设置及课时安排表（2015 级普通班）见表 4－7 所列。

表 4－7　实践教学环节课程设置及课时安排表（2015 级普通班）

环节类别	课程名称	开课学期	学　分	开课单位
项目型课程	模拟法庭 民法案例实践教学	第五学期 第七学期	5	法律与社会工作学院
项目型课程	专业综合实训	第六学期	10	法律与社会工作学院
学年论文	学年论文	第四学期 第六学期	4	法律与社会工作学院
岗位实习	司法考试	第七学期	5	法律与社会工作学院
毕业论文	毕业论文	第七学期	8	法律与社会工作学院
毕业实习	毕业实习	第八学期	16	法律与社会工作学院

实践教学内容与体系见表 4－8 所列。

表 4－8　实践教学内容与体系一览表（2016 级卓越班）

体系	实践内容	实践教学环节	实践教学目的	备注
实践教学体系	通识教育实践	“思政课” 暑期实践	提高思想政治素质，培养理论联系实际能力	
		军训、体育	培养基本军事技能，掌握科学健身技能等	
		多媒体技术与应用课程设计	培养多媒体应用与演示能力	
		就业创业指导	形成科学就业创业观	
	专业实践	法律经典阅读	培养良好的阅读习惯，扩展专业眼界和知识面	
		经典民刑案例判解	通过对民刑事经典案例的讲解和模拟裁判，强化学生的知识运用能力	
		民法案例实践教学	结合民法具体案例，指导学生综合运用民事法律知识	
		法律文书写作（课内实践）	通过教学互动、项目式作业等方式，调动学习积极性，巩固专业知识，培养学生法律文书写作能力	
		律师职业能力训练	强化中英文的口头和书面的法律逻辑思维和法律语言表达能力，进行起草、审阅及修改合同，以及法律调查等能力训练	

（续表）

体系	实践内容		实践教学环节	实践教学目的	备注
实践教学体系	专业实践		模拟法庭	通过模拟法庭的审判巩固学生实体法律及程序法律知识，为以后的具体运用奠定基础	
			地方立法实务	通过参与地方立法实际工作了解地方立法的基本要求，巩固专业知识	
			社会调查方法	培养运用科学的方法进行社会调查，掌握提出问题、分析问题和提出解决方案的能力	
			暑期专业实践	通过法律专业实务实践，促进专业理论与实践相结合	
			岗位实习	通过实习，帮助学生了解不同的岗位，为职业发展做好准备	
			毕业实习	培养学生理论联系实际的能力，催化走向社会的心理调适	
			毕业论文	培养学生综合运用所学的基础理论、专业知识、基本技能，提升其解决专业问题的综合能力	
	综合素质实践	创新能力	大学生创新项目、挑战杯、参与教师科研等	培养实践能力、创新能力、研究能力，加强知识产权意识，培养综合实践探究能力，完善学生的知识结构，提升学生的综合素质	
			专业征文比赛	培养学生理论联系实际问题的调研、分析、动手能力和写作能力	
		素质拓展	辅修专业	增加学科基础知识，增强综合素质和拓宽就业面	
			挑战杯辩论赛	增强学生口头表达、逻辑能力、应变能力	
			文化素质必读书目	提高综合文化素质和专业素质	
			英语竞赛	提升英语的运用技能	
			体育竞赛	提升身体素质	
			参加文体活动与担任学生干部	培养沟通、组织、协调能力，运用专业知识	
			书画、摄影、集邮展等	培养健康兴趣爱好和审美观	

实践教学内容与体系一览表（2017级卓越班）见表4－9所列。

表4－9　实践教学内容与体系一览表（2017级卓越班）

课程名称	学分	实践训练（周）
军事训练与教育	3	3
法律经典阅读1（课后）	1	1
法律经典阅读2（课后）	1	1
法律服务市场	2	2
“思政课”社会实践1	2	2
“思政课”社会实践2	1	1
暑期专业实践	1	2
岗位实习	5	10
毕业论文	4	8
毕业实习	4	4
合　计	24	34

第三节

探索建立高校和法律实务部门联合培养法律人才机制

《教育部　中央政法委员会关于实施卓越法律人才教育培养计划的若干意见》（教高〔2011〕10号）要求法学院系要探索“高校—实务部门联合培养”机制；《中共东莞市委关于深入贯彻党的十八届四中全会精神　全面深化法治东莞建设的实施意见》提出要根据法治东莞建设的需要，制订法律人才教育培养计划，创新法治人才培养机制，注重法学理论教育和实践结合，培养造就法治人才及后备力量。东莞理工学院法律与社会工作学院法学专业根据有关政策和东莞理工学院“十三五”发展规划的要求，积极探索和实施高校与地方以及高校与法律实务界合作，共同培养适应地方需要的应用型法律人才，初步建立了“高校—实务部门联合培养”机制，提高了法学毕业生与地方法治建设需要的适应度和契合度，实习生和毕业生深受用人单位欢迎。

一、努力争取地方党委、人大、政府和司法机关对法学专业办学的全方位支持

政法委、人大、政府和司法机关有关领导进入专业指导委员会，指导和参与人才培养方案的制订和人才培养全过程。法学专业原来的专业指导委员会校外专家主要集中在法院和律师事务所，新成立的法学专业指导委员会成员包括了市政法委、市人大、市法制局等部门和单位的主要领导，从而使法学专业的办学获得东莞市地方党委、人大、政府、司法机关的全方位支持。法学专业定期召开专业指导委员会会议，专业指导委员会委员对人才培养方案提出意见和建议，其中“卓越法律人才培养计划”实验班、法学（知识产权）辅修专业等培养计划中的很多课程设置都来自专业指导委员会的意见。与此同时，专业指导委员会成员还以多种方式参与教学活动和教学改革活动，在法学专业建设中发挥了积极的作用。

二、建立“高校—地方”和“高校—行业”联合培养法律人才机制

法学专业通过与行业院所和地方市镇政府签订合作培养和全面共建协议的形式，充分利用地方和行业资源服务于法律专业人才培养。校地和校院所合作的内容包括人才培养、课题研究、地方服务、学生实习等方方面面，贯穿于法律人才培养全过程。

（1）法学专业在2014年分别和广东众达律师事务所、东莞市第二人民法院、广州市仲裁委员会东莞分会签订合作培养卓越法律人才人才协议。协议规定：实务部门为东莞理工学院卓越法律人才实践教学基地；就卓越法律人才培养的相关事宜如师资队伍建设、课程设置、实习实训等提供决策咨询；为学生讲授实务课程；指导学生模拟开庭；定期举办法学名家讲座。东莞理工学院法学专业可以聘实务专家作为专业指导委员会委员，法学专业教师带领学生参与疑难案件和相关法律问题的论证研讨，共同开展横向课题研究等。2014年至今，校院所各方都认真落实了协议的内容，实现了双方互利互赢，目前各方又在协商新一轮的合作和共建。

（2）为强化提升人才培养实践教学环节的效果，增强服务地方法制建设的能力，培养出更能服务于地方法制建设需要的应用实践人才，法学专业又进一步探索出校地合作新机制新模式。法学专业通过精心筹划与东莞市一些镇街政府建立紧密的校地合作关系。双方在法治社会建设、基层政府管理创新、社会治理机制以及普法、平安东莞建设等领域，通过沙龙座谈、讲座培训、驻点顾问、专题调研、学生实践和基层法治化示范点建设等合作方式展开合作。2015—2017 年法学专业陆续和道滘镇人民政府、横沥镇人民政府签订了全方位的校地合作协议。镇街政府根据合作事项分固定项目经费和专门项目经费予以了经费支持支持。目前法学专业正在与东城区政府协商建立校外实习基地建设、行业实践导师聘请、共同开设专业实践性课程，特定领域法律问题的深化研究、法政大讲堂资助等合作问题进行协商，校地联合培养法律人才机制有望进一步推进和落实。

三、校所合作、校地合作开发课程

地方和行业全过程参与学生培养不仅包括真实法庭进课堂，律师、法官为学生开办讲座等。近年各方合作最大的成绩是合作开发课程，从而实现地方和行业对法律人才培养的深度参与和落实。从 2013—2014 下学年开始，法学专业启动了巡回法庭进课堂活动。东莞市中级人民法院、东莞市第一人民法院都在东莞理工学院的模拟法庭开过庭，东莞市第一人民法院院长陈斯、东莞市中级人民法院知识产权庭庭长程春华都亲自挂帅开过庭。近几年法学专业与实务部门合作，陆续开出了经典案例判解、调解实务、地方立法实务等特色课程。

和法学专业签订合作培养卓越法律人才的实务部门见表 4－10 所列。

表 4－10　和法学专业签订合作培养卓越法律人才的实务部门一览表

序号	合作单位	签约年份	合作内容
11	东莞市第一人民法院	2014	实务部门为东莞理工学院卓越法律人才实践教学基地；就卓越法律人才培养的相关事宜如师资队伍建设、课程设置、实习实训等提供决策咨询；为学生讲授实务课程；指导学生模拟开庭；定期举办法学名家讲座
22	东莞市中级人民法院	2014	
33	广东众达律师事务所	2014	
44	广州仲裁委员会东莞分会		

和法律与社会工作学院法学专业签订全面合作的地方和实务部门见表 4－11

所列。

表 4－11　和法律与社会工作学院法学专业签订全面合作的地方和实务部门一览表

序号	合作单位	签约年份	合作内容
1	道滘镇人民政府	2015	双方在法治社会建设、基层政府管理创新，社会治理机制以及普法、平安东莞建设等领域，通过沙龙座谈、讲座培训、驻点顾问、专题调研、学生实践和基层法治化示范点建设等合作方式展开合作
2	广东众达律师事务所	2015	
3	广东盈隆律师事务所	2016	
4	横沥镇人民政府	2017 年	

法学专业人才产教合作单位见表 4－12 所列。

表 4－12　法学专业人才产教合作单位一览表

序号	合作单位	合作内容	是否为签约合作单位
1	东莞市人大常委会	立法评估与咨询	签约合作单位
2	东莞市政法委	课题研究	签约合作单位
2	东莞市法制局	政府法律顾问与行政复议参与	计划签约合作单位
3	东莞市司法局	公益法律服务和课题研究	计划签约合作单位
4	东莞市国土局	课题研究	签约合作单位
5	东莞市妇联	公益法律服务和课题研究	签约合作单位
6	松山湖管委会	课题研究	签约合作单位
7	道滘镇政府	法律顾问与课题研究	签约合作单位
8	横沥镇政府	法律顾问、课题研究、法律培训	签约合作单位
9	凤冈镇政府	课题研究、法律培训	计划签约合作单位
10	寮步镇政府	公益法律服务	计划签约合作单位
11	东莞市中院	课题研究	签约合作单位
12	广州仲裁委	参与仲裁	签约合作单位
13	东莞市科技局	知识产权顾问、课题研究、人才培训	签约合作单位

第四节

培养学生法律思维、法律信仰与创新能力的第二课堂的构建

传统的高校专业自身单一封闭的培养人才途径，不仅造成了人才培养与地方需要的脱节，更是割裂第一课堂和第二课堂的有机联系。学生分散，目标不明确，课外活动不能发挥第二课堂是第一课堂延伸的功能，不利于学生专业素质的养成。法学专业在构建创新人才培养体系的过程中，把构建培育学生法治思维和法治信仰的第二课堂体系作为其中的重要组成部分，通过有组织、有目标的系统化的第二课堂，延续第一课堂的专业学习和训练。

一、明确第二课堂的目标为培养学生法律思维和法律信仰

法学院系培养的法律人才能够真正适合地方法治建设的需要，不仅仅需要法学毕业生有较强的分析和运用法律、法规的能力，还需要学生有专业的法律思维，坚定的法律信仰。而培养学生法律思维、树立学生法律信仰，不是仅仅依靠日常的课堂教学能够完成的，东莞理工学院法学专业在法学专业综合改革中，把建立法律人才素质培养第二课堂体系作为其重要组成部分。

二、在普法用法中培养学生的法治思维和法治信仰

第二课堂的设计和活动安排密切结合地方的法治实践，在普法用法中培育学生的法治思维和法治信仰。作为一所地方院校，东莞理工学院法学专业注重在日常的课外专业活动中，在学生配合地方法治建设的专业实践中，在学生参与教师地方法治研究的课题研究中，让学生深度了解地方法治建设的实际，培育学生的法治思维和法治信仰。

三、第二课堂体系的建立需要充分发挥各方力量的合力

建立培育学生法治思维和法治信仰的第二课堂体系。在这个过程中，学生主体作用的发挥、专业教师的主导、学生工作部门的组织以及地方实务界的和法学名流的参与都发挥了重要作用。

四、实现学生社团活动与第二课堂体系建设的一体化推动

学生组成的社团和社团活动都与学法用法普法有关。向法学会、法律志愿者宣传队、先后创办过《法智》《法律萌芽》等专业刊物，并定期出版。法学卓越班开展第二课堂情况见表4－13所列。

表4－13 法学卓越班开展第二课堂情况一览表（教师指导，学生主导）

序号	活动名称	次数	具体内容	活动要求
1	法学经典读书会	4	交流读书心得	每学期一次
2	法律专业知识竞赛	3	上个学期学习 内容的综合测试	第二学期始每学期一次
3	法学辩论会	2	围绕主题进行多轮辩论	每学期一次
4	新法学习会	2	立法法学习 物权法司法解释学习 民法总则学习	实际需要
5	《法智》班刊编写	3	学生编写印刷	每学期一刊
6	法学名家讲座	7	实务界人士、 法学名家讲座和座谈	每学期3次
7	岗位见习	3	一院实习 二院参观 松山湖法庭旁听	每学期一次

法学专业学生近年举办由实务部门支持参与的主题模拟法庭见表4－14所列。

表4-14　法学专业学生近年举办由实务部门支持参与的主题模拟法庭一览表

（实务部门组织参与，学生主导）

序号	主　题	时　间	参与的实务部门
1	第十二届科技学术节之模拟法庭	2017年5月	东莞市中级人民法院刑一庭副庭长宋坤鹤法官
2	版权保护模拟法庭	2016年5月	市中级人民法院法官、市律师协会知识产权委员会律师
3	东莞市版权模拟法庭	2015年5月	东莞市版权局主办，东莞市知识产权研究会
4	知识产权刑事案件	2014年10月	东莞市中院民三庭庭长程春华
5	婚姻案件	2013年5月	长安镇司法局
6	大学生模拟法庭第三届	2013年10月	东莞理工学院校园文化巡礼组委会主办，政法系学生会和大学生法学会承办的第二届模拟法庭正式“开庭”
7	大学生模拟法庭第二届	2012年10月	
8	大学生模拟法庭第一届	2011年10月	
9	知识产权模拟法庭进校园	2010年5月	东莞市知识产权局主办、东莞市知识产权促进中心及东莞理工学院法学会承办
10	知识产权模拟法庭进校园	2009年5月	
11	知识产权模拟法庭进校园	2008年5月	
12	知识产权模拟法庭进校园	2007年5月	

法学专业配合地方法治建设举办的主题法律宣传活动见表4-15所列。

表4-15　法学专业配合地方法治建设举办的主题法律宣传活动一览表（学生主导）

序号	主　题	时　间	组织者	活动目的
1	宣传消费者权益保护法	每年1月1日	法律与社会工作学院团总支法律宣传志愿服务队	宣传消费维权
2	宣传妇女权益保护法	每年3月8日		宣传妇女维权
3	宣传宪法日	每年12月4日		法律至上

法宣队送法进校园活动见表 4－16 所列。

表 4－16　法宣队送法进校园活动（学生主导）

序号	主　题	时　间	组织者	活动目的
1	校园普法（小学	每年 3 次	法律与社会工作学院团总支法律宣传志愿服务队	针对小学生的普法宣传
2	法制课堂	每年 3 次		给小学生上上法治课
3	社区普法	每年 2 次		针对社区普法宣传
4	企业普法	每年 2 次		针对企业的普法宣传
5	校园普法（本校	每年 3 次		针对大学生的普法宣传

第五章

课程建设

第一节

法学专业整体课程设置现状、发展过程和改革设想

一、法学专业整体课程设置现状

法学专业的课程设置见表5-1至表5-3所列。

表5-1 专业必修课一览表

课程名称	学分	学时
法学专业导论	1	16
法理学	3	48
宪法学	3	42
中国法制史	2	34
刑法学	5	84
民法学	5	87

（续表）

课程名称	学 分	学 时
经济法学	3	48
商法学	3	48
民事诉讼法学	3	48
刑事诉讼法学	3	48
行政法学	3	48
知识产权法学 *	3	48
国际法学 *	2	32
行政诉讼法	2	32
国际私法学	3	48
国际经济法学	5	90
专业综合实训	12	96+96
专业限选课	23	296
专业选修课	8	96

表 5－2 专业选修课一览表

课程名称	学 分	学 时
西方法律思想史	2	32
当代西方法学思潮	2	32
比较宪法学	2	32
法律逻辑学	2	32
司法制度与法律职业道德	2	32
犯罪学	2	32
合同法学	3	48
金融法学	2	36
物权法学	3	48
婚姻家庭法学	2	36
民法案例实践教学	3	48

（续表）

课程名称	学　分	学　时
证据法学	3	48
司法文书	3	24
法律英语＊	2	36
外国法制史	2	36
公司法律实务	2	32
竞争法	2	32
劳动法	2	32
税法	2	32
仲裁法	2	32
海商法	2	32
WTO 法律实务	2	32
侵权责任法	2	32
行政复议法	2	32
社会保障法	2	32
外国民商法	2	32
房地产法	2	32
模拟法庭	2	

表 5－3　实践教学环节课程一览表

课程名称	周　数	学　分	实　践	上　机
军事训练与教育	2	3	2	
多媒体技术与应用课程设计	1	1	1	
“思政课”社会实践	4	4	4	
学年论文	4	4	4	
岗位实习（司法考试）	5	5	5	
毕业实习	8	8	8	
毕业论文	8	8	8	
课内实践	—	15.5	—	

二、近几年课程设置变动情况

（一）根据培养应用型法律人才和法律法规的发展不断增加选修课范围

2009级开始开设了模拟法庭；

2012级开始开设侵权责任法、行政复议法、比较宪法学、房地产法；

2013级开始把原来的限选课企业公司法、竞争法改为选修课公司法律实务、竞争法，增加选修课税法和wto法律实务。

（二）为与司法考试对接设置的课程

2012级开始开设196学时的法学综合实训，2013级开始把课程名称改为专业综合实训；

2012级开始开设选修课48学时民法案例实践教学，2013级开始把该课程调整为限选课。

同时为适应学生参加司法考试的时间需要，把第七学期初即九月份大约五周时间确定为岗位实习（司法考试）时间。

（三）确定核心课程和综合课程

根据2013年学校关于完善人才培养要求，确定法理学等12门课程为核心课程，专业综合实训等4门课程为综合课程。

三、近几年课程建设情况

（一）精品课程和网络课程建设情况

已建成的校级精品课：合同法学、经济法；

已建成的校级网络课程：经济法、金融法；

已获立项建设的省级精品资源共享课：合同法学；

已获校级立项建设的精品课：知识产权法；

强昌文教授主讲的法理学是安徽省省级精品资源共享课；

王平主讲的民法列入本科教学质量与教学改革工程教学工程项目计划。

（二）重点针对培养应用型法律人才和适应学生参加司法考试需要而设置的课程

2012级开始开设196学时的法学综合实训，2013级开始把课程名称改为专业综合实训；

2012级开始开设选修课48学时民法案例实践教学，2013级开始把该课程调整为限选课。

同时为适应学生参加司法考试的时间需要，把第七学期初即九月份大约五周时间确定为岗位实习（司法考试）时间。

（三）增加民商经济类课程的比重

针对东莞经济和社会发展情况，学院增加了民商经济类课程的比重，这类课程大约占总课程的一半，近年又不断增加税法、公司法律实务、WTO 法律实务等。

（四）加强核心课程和综合课程建设

学院进行了核心课程和综合课程建设，比如，近年已开设或陆续开设的模拟法庭、司法文书、民法案例实践教学和专业综合实训，都要求理论联系实际，重点培养学生的应用能力。

四、法学专业课程建设计划的不足

1. 存在的主要问题

（1）应用性不突出；

（2）地方性不突出；

（3）复合型不突出。

2. 面临的挑战

（1）教育部的硬性规定，必须开始 14 门骨干课；

（2）学校统一规定的课程必须在人才培养方案中满足和完成教学任务；

（3）教学时间缩短；

（4）受司法考试冲击。

3. 实务界的反馈

（1）实习时间过短；

（2）东莞理工学院学生自主学习能力与名校毕业生有差距。

4. 现实问题

（1）高考录取分数偏低，申请转专业学生偏多；

（2）司法考试通过率不高，通过考研的学生寥寥无几。

五、法学专业课程改革设想

针对法学专业发展的现状和面对的困境，我们一方面要积极进行法学专业的课程改革，另一方面要开设卓越法律人才培养实验班。目前卓越法律人才教育培养计划试点已列入本科教学质量与教学改革工程项目。本项目拟解决的关键问题是探索职业化法律人才培养机制和模式，解决当前法学教育当中理论与实践脱节的现象。为此，实验班的课程设置注重与实务部门的对接，将广泛听取实务部门的意见和建议，按照实务部门的需求来制订人才培养方案。

课程改革一：复合型法律+经济。开设会计学、微观经济学、宏观经济学税收　货币银行与资本市场等课程。

课程改革二：突出应用性，增加法律适用、法律推理、法律谈判、经典案例评析、庭审技巧、调解实务、文书写作、律师实务等技能型课程。

课程改革三：突出地方性。除了加大民商经济法的课程比例外，还开发体现东莞法制建设需要的特色课程。

课程改革四：体现开放性。聘请实务界专家授课。

课程改革五：体现国际性。希望有机会派年轻教师赴美学习引进诊所教学，去澳大利亚学习复合型法律人才培养。

第二节

法学专业课程建设与改革方案

课程改革是人才培养模式改革的核心环节，专业结构优化，人才培养模式改革，实践教学优化最后都需要落实在课程设置变化与课程整合上。为贯彻落实我校《关于开展“知行合一　立德树人”教育教学大讨论的通知》精神，进一步突显我校人才培养的中心地位，着力落实人才培养目标，提高教育教学质量，法律系分别召开了全体教师大会、教研室主任会议以及由广东省法学专业教育指导委员会委员参加的研讨会，讨论法学专业的本课程建设与改革方案。本方案经过反复论证修改，将在未来的人才培养方案修改和法学专业建设中逐步落实完善。

一、法学专业课程建设与改革目标

法学专业课程改革与建设的总目标是：针对多元化创新法律人才培养的个性

特点设置和开发不同的课程模块，解决传统的平面式法学专业学科式课程体系与应用型、复合型法律人才培养的不相适应问题。形成传统的理论课教学模块、现在的应用型课程模块、经管类课程模块和知识产权法学四位一体的立体化课程模块，服务于多元化“法律+”的创新法律人才培养。同时用阶段递进、环节互动的方法解决理论教学与实践教学、第一课堂与第二课堂分割，实践教学体系不能涵盖学生实践能力培养过程的问题。具体目标如下：

（1）继续课程模块打造。进一步完善理论课教学模块、应用型课程模块、经管类课程模块和知识产权法学课程模块的内容和整合。

（2）系统化建设课程群。在目前建设民商事法课程群建设的基础上，重点建设知识产权法学、法学实务课课程群，做好建设国际法学、理论法学课程群的基础工作。

（3）精品课程建设再上台阶。在目前建有省级精品资源共享课的基础上，把法理学、知识产权法学建设成为省级精品课，把国际经济学、物权法学建设成为校级精品课，同时力争建设一批以核心课程为主的院级精品课程。

（4）全面提升数字化课程建设。在建设物权法学微课基础上，把民商事法学课程群所有课程建设成为数字化课程，同时至少建设3～5门课程网站。

（5）课程标准建设全覆盖。研讨制定专业人才培养标准，实现课程标准建设100%全覆盖。

（6）加大与实务部门联合开发课程力度。争取实现实务课程对学生就业岗位的全覆盖，实务部门对课程建设的全过程参与。

（7）课程结构进一步优化，选修课程比例占总学分比例达到30%以上。

（8）实践教学体系构造更科学。实践教学覆盖学生能力培养全过程。

（9）注重第一课堂对第二课堂的引领。有针对性地开出方法类课程和综合实训类课程，并形成和第二课堂的有序衔接。

（10）注重课程建设主体责任和推进机制，实行课程建设主体责任制，并酝酿启动课程群组代替现有的教研室体制模式。

二、课程建设与改革原则

（1）以突出特色为导向，课程建设与改革要紧密结合理工科大学法学专业定位；

（2）以应用性为中心，课程建设与改革要以培养应用型法律人才为目标；

（3）以复合性为重点，课程建设与改革要兼顾法律人才的岗位需求；

（4）以地方性为归属，课程建设与改革要紧密集合东莞地方法治建设和发展的法治人才的特殊需求。

三、基本内容

（一）本专业课程类教学研究与改革项目现状（项目现状从2014年起计）

课程类教学研究与改革项目见表5－4所列。

表5－4　课程类教学研究与改革项目一览表

项目名称	项目类别	立项时间	项目进度	单位评价	存在问题
面向卓越法律人才培养的民商事法学课程群建设	校级课程群建设项目	2015	在研	优秀	项目进度超前，经费使用合理
面向卓越法律人才培养的民商事法学课程群建设	2015年度省高等教育教学改革项目	2015	在研	优秀	项目进度超前，经费使用合理
精品资源共共享课“合同法学”	2012年广东省质量工程项目	2012	在研	合格	2016年申请结题
国际私法	广东省教育厅青年教师信息化新课堂实验课程	2014	在研	优秀	项目进度超前，经费使用合理
应用型本科院校“知识产权法”课程案例化、网络化和双语化教学平台建设的研究与实践	2014年广东省高等教育教学研究和改革项目	2014	在研	好	项目按照计划进行；经费预算不合理

（二）课程建设与改革规划

课程建设与改革规划见表5-5所列。

表5-5 课程建设与改革规划一览表

项目名称	现　状	2017—2018	2019—2020	备　注
精品课程	校级2门，省级1门	院级3门，校级2门，省级1门	院级5门，校级4门，省级2门	
MOOC 制作	提供了物权法学MOOC，学生使用率达到80%	提供5门MOOC，学生使用率达到80%	提供10门MOOC，学生使用率达到80%	
课程标准建设	民商法学课程群中的课程标准建设	完成全部专业核心课共20门课程标准建设	完成全部课程标准建设工作	
课程国际化	全英课程1门，双语课程2门	全英课程1门，双语课程4门	全英课程2门，双语课程4门	

（精品课程包括精品资源共享课和精品开放课）

（三）创新创业课程建设与改革情况①

创新创业课程建设与改革情况见表5-6所列。

表5-6 创新创业课程建设与改革情况一览表

课程名称	学分/学时	开课单位	开设时间	课程类别	课程基本介绍
创业基础	2/36	经管学院	2016	公共必修	—
创新创业专题	2/36	法社学院	2019	院内必修	针对法学专业的创新创业课程专题

① 指2017级人才培养方案中的创新创业课程的计划设置情况。

（四）建材建设现状

法学专业出版的应用型教材见表5－7所列。

表5－7　法学专业出版的应用型教材一览表

序号	教材名称	主　编	出版社	出版时间
1	民商法实训教程	郑玉敏	合肥工业大学出版社	2017年6月
2	民商法综合实训模拟	郑玉敏	合肥工业大学出版社	2017年6月
3	新编民法理论与实务	郑玉敏	高等教育出版社	2015年2月
4	合同法学	郑玉敏	厦门大学出版社	2014年1月
5	民法学	郑玉敏	清华大学出版社	2012年2月
6	民法理论与实务	郑玉敏	高等教育出版社	2009年2月
7	新编经济法实用教程	郑玉敏	大连理工大学出版社	2004年9月

四、课程体系改革与课程建设方案

（一）根据应用型法律人才的职业能力和培养东莞地方法律人才的需要构建立体化课程体系和模块

1. 明确培养人才的就业岗位

根据东莞理工学院的定位——地方应用型大学，确定法学专业的人才目标是培养适应地方需要的应用型法律人才。学生就业的岗位群定位为以东莞为中心的辐射珠三角地区的包括法官、检察官、律师、法律顾问以及其他企事业单位从事法务工作的技能型、实务型人才。由于东莞以及珠三角地区经济发达，懂法律又懂管理和经济的复合型人才需求旺盛，因此确定以应用性、复合性、地方性为导向重构法律人才培养新体系。

2. 科学界定专业人才的核心能力即职业能力

所谓职业能力，主要是指运用法律概念、原理和规则发现法律事实和法律问题，并运用法律思维方式分析法律关系，处理法律问题的技术和能力。职业能力养成就是如何让学生在具体案件中学习法律、分析法律解释法律和使用法律。法学专业的整个培养过程就是学生职业能力的养成过程。为了培养这种技术和能力，必须设置相应的课程体系和实践教学体系。实施实践性教学方法训练学生在具体案件中学习法律、分析法律解释法律和使用法律，使学生掌握找到法律和使用法律的方法。

3. 根据学生职业能力培养需要设置课程体系

在传统的理论课程之外设置应用型课程模块；在卓越法律人才培养实验班增加开设经管类课程；在法学（知识产权方向）辅修学位班开设一半的知识产权实务课程。形成传统的理论课教学模块、现在的应用型课程模块、经管类课程模块和知识产权法学四位一体的立体化课程模块，服务于多元化的创新法律人才培养。

4. 校所合作开发课程

适应地方法治建设对法律人才需要开发校所合作课程：包括模拟法庭、经典案例判解、地方立法实务、调解实务等。

（二）通过课程整合和与行业联合开发新课程

应用型课程设置与课程开发创新见表5－8所列。

表5－8　应用型课程设置与课程开发创新

序号	项目型课程	校地合作开发课程	课程合作单位（主要课程承担）
1	法学综合实训	—	—
2	民法实践教学	—	—
3	模拟法庭	模拟法庭	东莞市中级人民法院、东莞市第一、第二人民法院
4	经典案例判解	经典案例判解	众达律师事务所
5	司考技巧训练	—	—
6	地方立法实务	地方立法实务	东莞市法工委
7		调解实务	东莞市第二人民法院
8		律师实务	名道律师事务所
9		审判和执行实务	东莞市第三法院
10		法律方法	法制盛邦律师事务所
11		司法礼仪	东莞市中级人民法院
12		检察实务	东莞市人民检察院
14		公证实务	东莞市公证处
15		法律论辩	法制盛邦律师事务所
16	民商事法实践教学	—	—

(三) 建设特色化卓越法律人才班课程体系

卓越法律人才班课程见表5-9所列。

表5-9　卓越法律人才班课程体系表

课程类别	课程性质	课程群	课程名称
通识课	必修	政治素质课	毛泽东思想和中国特色社会主义理论体系概论、当代西方哲学、形势与政策
		体育与健康课	军训、体育、体育达标测试、心理学、就业指导
		语言和计算机知识课	基础英语、英语口语、应用英语、实用英语写作、大学英语应用能力达标测试、大学计算机基础、多媒体技术与应用、信息资源检索、大学语文
法学专业课	必修	学科基础课	法学专业导论、法理学、宪法学、中国法制史、刑法学、民法学、民事诉讼法、刑事诉讼法、行政法与、行政诉讼法
		专业课	经济法学、商法学、国际法学、国际私法、国际经济法、知识产权法、劳动与社会保障法
专业拓展课	选修	经济学拓展	经济学原理、证券与投资、货币银行学
		管理学拓展	管理学原理、会计学原理、初级财务管理
法律实务课程	选修	职业道德	司法礼仪、法律职业规范
		法律思维	法律方法、法律论辩、法律文书写作、经典案例判解
		诉讼业务	证据法实务、审判与执行实务、检察实务、法庭审判模拟、律师事务
		诉讼业务	公证实务、仲裁实务、调解实务、
综合实践课	必修	综合应用课	司考技巧训练、法律经典阅读、岗位实践、毕业论文

(四) 课程群建设方案

课程群改革与建设方案：以专业培养目标为课程设置的方向，以能力培养为基础，促进精品课程的模块化建设。以 OBE 教育模式为导向推进课程改革，课程群的建设目标和内容都应体现 OBE 模式的基本要求。

1. 课程群建设要求

（1）围绕法律人才培养目标要求，为完善相应专业学生的知识、能力、素质结构，将相应专业培养方案中的知识、方法、问题等方面具有逻辑联系的若干课程重新规划、整合构建而成的有机的课程系统。

（2）以学生的培养为主线、以课程的逻辑联系为纽带、以教师团队合作为支撑、以质量效益为抓手、以深化教学改革为动力的课程建设模式。

（3）通过对相关课程教学内容规范化、教学手段的先进化和教学方法的多样化建设使课程体系进一步完善，更具系统性。

2. 课程群建设特色

（1）以生为本，开放共享，推进课程资源的网络化与信息化建设。“网络化时代的到来必然会引起教学的变革，变革的趋势是学生自主学习将加强，学生对教师的依赖将降低”。因此课程群建设必须重视其资源的网络化与信息化建设，通过每门课程的教学大纲、教案、多媒体课件、讲课录像等资源要逐步实现全部上网。通过网上试题库等建立起网上答疑和网上互动平台，最大限度地实现教学资源共享，在此基础上实现师师、师生、生生之间的互动交流以及学生的“菜单式”学习。

（2）以能力为本，通过整合和实训教材编写，开出新的项目型能力培养课程，民商事法实践教学，贯彻以能力为基础，实现课程的模块化管理。实现实体法到程序法再到实体与程序结合的一体化课程群。

（3）以司法考试为目标，建设服务与司法考试的配套的教学资源和考试内容与形式，建设学生自主学习与训练的网络平台。

（4）以卓越法律人才培养为载体，以试验班课程整合和课程建设为契机，探索适合卓越法律人才培养的课程体系和课程建设模式。

3. 要解决的关键问题

（1）通过实训教材的编写和大量教辅资源的上网，解决教学资源的配给与学生司法考试和能力培养中的资源不足问题。

（2）通过课程整合，解决相关课程的横向与纵向关系而造成的课程间内容重复、课程内容陈旧及课程教学与实践脱节等问题。

（3）通过整合和实训教材编写，开出新的项目型能力培养课程，民商事法实践教学，贯彻以能力为基础，实现课程的模块化管理。实现实体与程序结合的一体化课程群。

(4) 通过 MOOC 形式，加强课程网站建设，打造学生自主学习的平台。

(5) 通过习题库的建设，实现考试内容和考试方法的改革。

(五) 构建阶梯式实践教学体系

1. 根据学生职业能力的形成过程构建立体化、阶梯式实践教学体系

(1) 应用型法律人才培养的核心是职业能力的培养，而传统的学科教育培养体系中以单一的毕业实习为主的实践教学模式无法涵盖学生职业能力形成的全过程，因此必须转变为立体化、阶梯式实践教学体系。

(2) 所谓立体化、阶梯化实践教学体系是指从横向讲实践教学与体系包括实训、实习、第二课堂三个部分，实训包括课内实训、专门的实训课程、综合性实训环节三个部分。实习包括岗位认知、岗位实习、毕业实三个环节，而第二课堂又包括专业教师指导的专业活动、实务部门指导的实习以及学生独立开展的法律宣传和模拟法庭三个环节，每个环节内部都是从低到高、从简单到复杂、循序渐进地培养学生能力和学生能力养成的过程。

(3) 重点落实实践教学环节，实行统一管理的集中实习，切实把每个实践环节做实。

2. 阶梯式实践教学体系——以卓越法律人才实验班为例

实践教学体系见表 5 - 10 所列。

表 5 - 10　实践教学体系一览表

课程类别	课程名称	周数	学分	实践	开课学期及周数							
					1	2	3	4	5	6	7	8
实践教学	军事训练与教育	2	2	2	2							
	法律经典阅读	5	5	5	1	1	1	1	1			
	项目和方法类课程	14	14	14						6	18	
	岗位实习	5	5	5							5	
	毕业论文	8	8	8								8
	岗位认知	2	2	2			2					
	毕业实习	10	10	10							5	5
	课内实践		3									
合　计		45	48	45	3	1	3	1	1		18	13

(六) 课程教学方法改革的思考

课堂教学必须改革以教师为主体的传统的理论灌输方法，坚持以学生为主体，以培养学生实践能力为主线。具体针对法学专业学生就是根据东莞理工学院的定位——地方应用型大学，确定法学专业的人才目标是培养适应地方需要的应用型法律人才。学生就业的岗位群定位为以东莞为中心的辐射珠三角地区的包括法官、检察官、律师、法律顾问以及其他企事业单位从事法务工作的技能型、实务型人才。由于东莞以及珠三角地区经济发达，懂法律又懂管理和经济的复合型人才需求旺盛，因此法学专业人才模式改革确定以应用性、复合性、地方性为导向。科学界定专业人才的核心能力即职业能力。所谓职业能力，主要是指运用法律概念、原理和规则发现法律事实和法律问题，并运用法律思维方式分析法律关系、处理法律问题的技术和能力。为了培养这种技术和能力，必须实施实践性教学方法训练学生在具体案件中学习法律、分析法律、解释法律和使用法律，使学生掌握找到法律和使用法律的方法，形成其法律职业能力。法学专业的整个培养过程就是学生职业能力的养成过程。无论是学生司法考试的准备还是学生的实习实训，都服务于训练学生分析法律、解释法律和使用法律的能力。人才培养模式改革的重点之一就是帮助学生通过全国司法考试，包括通过改革教学方法、改革考试方法、改革教材编写等途径进行。

另一方面，针对现有的法学（知识产权）双学位、法学（知识产权）辅修专业的教学计划，适当增加“专利信息检索与应用”“专利申请书撰写”等的实务课程；充分利用“知识产权远程网络教育平台”、学校网络教学平台和互联网优势，并依托中国知识产权远程网络教育平台（广东省知识产权远程教育分平台 http：//elearning. ciptc. org. cn/public/index？ v=0&r=0），同学们可以根据自己的时间自主选课，按进度要求完成网络在线学习。

(七) 建立培育学生法治思维和法治信仰的第二课堂体系

传统的高校专业自身单一封闭的培养人才途径，不仅造成了人才培养与地方需要的脱节，更是割裂第一课堂和第二课堂的有机联系，不能发挥第二课堂是第一课堂延伸的功能，不利于学生专业素质的养成。法学专业要在构建创新人才培养体系的过程中，把构建培育学生法治思维和法治信仰的第二课堂体系作为其中的重要组成部分，通过有组织、有目标的系统化的第二课堂延续第一课堂的专业学习和训练。

(1) 明确第二课堂的目标为培养学生法律思维和法律信仰。法学院系培养的法律人才能够真正适合地方法治建设的需要，不仅仅需要法学毕业生有较强的分析和运用法律、法规的能力，还需要学生有专业的法律思维、坚定的法律信仰。而培养学生法律思维、树立学生法律信仰不是仅仅依靠日常的课堂教学能够完成的，东莞理工学院法学专业在法学专业综合改革中把建立法律人才素质培养的第二课堂体系作为其重要组成部分。

（2）第二课堂的设计和活动安排密切结合地方的法治实践，在普法用法中培育学生的法治思维和法治信仰。作为一所地方院校，法学专业要注重在日常的课外专业活动中，在学生配合地方法治建设的专业实践中，在学生参与教师地方法治研究的课题研究中，让学生深度了解地方法治建设的实际，培育学生的法治思维和法治信仰。

（3）第二课堂体系的建立需要充分发挥各方力量的合力。建立培养学生法治思维和法治信仰的第二课堂体系的过程中，学生主体作用的发挥、专业教师的主导、学生工作部门的组织以及地方实务界的和法学名流的参与都发挥了重要作用。

（4）实现学生社团活动与第二课堂体系建设的一体化推动。学生组成的社团和社团活动都与学法、用法、普法有关。

卓越班第二课堂建设见表5－11所列。

表5－11　卓越班第二课堂建设一览表

序号	活动名称	次数	具体内容	活动要求
1	法学经典读书会	4	交流读书心得	每学期一次
2	法律专业知识竞赛	3	上个学期学习内容的综合测试	第二学期始每学期一次
3	法学辩论会	2	围绕主题进行多轮辩论	每学期一次
4	新法学习会	2	新法公布和重要法律修改	实际需要
5	《法智》班刊编写	3	学生编写印刷	每学期一刊
6	法学名家讲座	7	实务界人士、法学名家讲座和座谈	每学期3次
7	岗位见习	3	法院实习、参观、法庭旁听	每学期一次

五、课程建设与改革的组织与保障

（一）组织保障

（1）成立法学专业课程建设委员会，组织架构：主任由院长强昌文担任，副主任为教学副院长夏能礼和法律系主任郑玉敏。

职责为：对课程改革和建设进行规划、指导和论证。

成员为：系副主任龚红兵，以及石璠、罗兆婧、沈亚萍、张建超四位教研室主任和院教学秘书林锦照、实验秘书蔡贵峰。

（2）结合法学专业实际，法学专业课程建设与改革要突出的重点是综合性、实践性、项目性课程的开设与通过课程群建设促进课程整合和 MOOC 建设与使用，通过精品课建设促进法学专业课程建设总体水平的提升。

（3）课程建设与改革任务的完成应该加强激励，抓好落实：校院两级应出台相应的激励措施，院系应重点明确责任，做好落实。

（二）责任主体

课程群建设主体见表 5－12 所列。

表 5－12　课程群建设主体一览表

序号	名　称	责任人	参与人	主体完成年份	备　注
1	课程模块	郑玉敏	龚红兵、沈亚萍、石　璠、罗兆婧	2020	持续
2	课程群	郑玉敏	龚红兵、罗兆婧、王敬华	2020	持续
3	精品课程	龚红兵	强昌文、龚红兵、陈　晨、罗兆婧	2020	
4	数字化课程建设	夏能礼	龚红兵、沈亚萍、罗兆婧	2020	
5	课程标准	陈　晨	全体教师	2018	
6	课程开发	强昌文	夏能礼、郑玉敏	2020	持续
7	课程结构	石　璠	龚红兵、沈亚萍、石　璠、罗兆婧	2020	持续

（续表）

序号	名　称	责任人	参与人	主体完成年份	备　注
8	实践教学	沈亚萍	龚红兵、石　璠、郑玉敏	2020	
9	第二课堂	罗兆婧	郑玉敏、龚红兵、石　璠、孙志超	2020	
10	监督机制	夏能礼	郑玉敏、龚红兵	2020	

第三节

面向卓越法律人才培养的民商事法课程群改革与建设

一、民商事法课程群建设现状

（一）民商事法课程群简介

民商事法课程群包括民法、商法、民事诉讼法。民法是我国市场经济的最基本的法律，由婚姻家庭法、物权法、合同法、侵权责任法、知识产权法等组成；商法是民法的特别法，由公司法、合伙法、破产法、票据法、保险法、海商法等组成；民事诉讼法是民法的程序法，民法、商法与民事诉讼法的关系是实体法和程序法的关系。民商事法课程群见表5－13所列。

表5－13　民商事法课程群一览表

课程群	课程大类	课程关系	法规组成
民商事法课程群	民法	民事实体法	民法通则、婚姻法、继承法、物权法、合同法、侵权责任法、知识产权法等
	商法	民法特别法	公司法、合伙法、破产法、保险法、海商法等
	民事诉讼法	民事程序法	民事诉讼法

（二）民商事法课程设置

民商事法课程开课情况见表5－14所列。

表5－14 民商事法课程开课情况表

班级	必修课	限选课	选修课	课程门数（学时数）
法律普通班（2014级）	民法学（80） 知识产权法学（48） 商法学（48） 民事诉讼法学（48）	合同法学（48） 物权法学（32） 婚姻家庭法学（32）	侵权责任法（32）	8（368）
卓越法律人才班（2014级）	民法学（192） 商法学（64） 民事诉讼法学（48） 知识产权法学（48）			8（352） 民法学课包括民法总论（含民事主体、代理、时效、人身权、继承法以及简单介绍物权和债权）、婚姻法、物权法、合同法和侵权责任法

（三）卓越法律人才培养计划对该课程群的整合与变动

（1）课程整合情况：目前我国的民事立法主要是单行立法，但是我国民法典正在制定中，预计婚姻法、物权法、合同法和侵权责任法等都会进入统一的民法典中，因此卓越法律人才培养计划将这些课程统一为民法学，但实际上包括民法总论、婚姻家庭法、物权法、合同法和侵权责任法五部分，有五位教师分五个学期完成授课。

（2）课程性质变动情况：目前所有民商事法课程群的课程在卓越法律人才培养计划中全部为必修课。这主要是由于民法是调整市场经济的最基本的法律，而且民商事法部分一般会占整个司法考试内容的30%～40%。

（四）民商事法课程群存在的问题分析

（1）将民法总论、婚姻家庭法、物权法、合同法和侵权责任法五部分归入统一的民法学中，目的就是避免整个民法教学的课程内容遗漏、重复。但是由于目前没有进行统一的课程群建设，因此各部分授课教教师仍处于各自为政的状态，课程内容遗漏、重复仍旧难以避免。

（2）教辅资料、教学资源建设的滞后影响了这些课程的教学效果。法学专业学生在毕业之前要参加全国统一的司法考试，司法考试准备过程需要大量的教辅资源、案例库、习题集、法律条文等，司法考试也需要相应的考试方法、内容的改革，这些都需要通过进行课程群建设与改革来推进。

（3）应用型人才培养的特点需要相应的能力培养课程支撑。虽然为适应应用型人才培养的需要进行了相应的课程整合和改革，但是教师的传统的授课方式很难改变，目前这些课程仍然是以传统的理论授课为主。因此，通过制定课程标准来规范授课方式、内容，通过进一步的相关的课程整合开出专门的项目型课程，比如该课程群可以通过开出民商事法实践课程。

以上分析可知，无论是服务于应用型人才培养，还是适应法学专业学生司法考试对课程建设的需要，民商事法课程群的改革与建设的重要性都十分明显

二、建设目标

（一）课程群改革与建设的目标

以专业培养目标为课程设置的方向，以能力培养为基础，促进精品课程的模块化建设。以 OBE 教育模式为导向推进课程改革，课程群的建设目标和内容都应体现 OBE 模式的基本要求。

（1）围绕卓越法律人才培养目标的要求，将卓越法律人才培养方案中的知识、素质、能力等方面具有逻辑联系的民商事法课程重新规划、整合构建有机的课程系统。

（2）以卓越法律人才的培养为主线、以课程的逻辑联系为纽带、以教师团队合作为支撑、以质量效益为抓手、以深化教学改革为动力进行课程群改革与建设。

（3）课程群建设致力于课程教学内容的规范化、教学手段的先进化和教学方法的多样化。改革内容从民事法学的基本理论到民商法在司法实践中的运用。改革范围包括从实体法的民商法理论到程序法的民事诉讼法，从民法之构成的民法总论、物权法、合同法、侵权责任法等到民事特别法的商法。建设内容包括从理论讲解到案例教学，从综合实训到能力培养，从资源建设到建材编写，从多媒体教学到自主学习平台建设，从考试改革到试题库汇编。目标是建设立体化的、系统性的、网络化的民商事法课程群。

（二）本课程群主要特色

（1）以生为本，开放共享，推进课程资源的网络化与信息化建设。“网络化时代的到来必然会引起教学的变革，变革的趋势是学生自主学习将加强，学生对教师的依赖将降低”。因此课程群建设必须重视其资源的网络化与信息化建设，课程的

教学大纲、教案、多媒体课件、讲课录像等资源要逐步实现全部上网。通过网上试题库等建立起网上答疑和网上互动平台，最大限度地实现教学资源共享，在此基础上实现师师、师生、生生之间的互动交流以及学生的“菜单式”学习。

（2）以能力为基础，通过整合和实训教材编写，开出新的项目型能力培养课程——民商事法实践教学，实现民商实体法到程序法再到实体与程序结合的一体化课程群。

（3）以司法考试为目标，建设服务于司法考试的配套的教学资源，采用与其相适应的考试内容与形式，建设学生自主学习与训练的网络平台。

（4）以卓越法律人才培养为载体，以试验班课程整合和课程建设为契机，探索适合卓越法律人才培养的课程体系和课程建设模式。

（三）要解决的关键问题

（1）通过实训教材的编写和大量教辅资源的上网，解决教学资源的配给与学生司法考试和能力培养中的资源不足问题。

（2）通过课程整合，解决相关课程的横向与纵向关系而造成的课程间内容重复、课程内容陈旧及课程教学与实践脱节。

（3）通过整合和实训教材编写，开出新的项目型能力培养课程——民商事法实践教学，贯彻以能力为基础，实现民商事法课程的模块化管理。实现民商实体法到程序法再到实体与程序结合的一体化课程群。

（4）通过 MOOC 等形式加强课程网站的建设，为学生打造自主学习的平台

（5）通过习题库的建设，实现考试内容和考试方法的改革。

三、改革与建设的主要内容

（一）课程群改革与建设的面向选择

本课程改革与建设之所以面向卓越法律人才培养，主要是卓越法律人才培养“实验班”的改革过程需要课程的整合与建设；同时，卓越法律人才“实验班”学生少，质量高，学生参与度高，学习积极性高，有利于课程群改革与建设的开展。

（二）课程群的确立与建设课程的选择

本次课程群建设之所以选取民商事法课程群，主要是本课程群在学生的能力培养中地位重要，在司法考试中分值高；由于民商事法课程群包括的课程较多，本次课程建设主要选择课程内容具有重叠性的、课程间具有整合意义的、课程地位重要的、课程对学生能力培养关联性大的 6 门课程。

本次课程群改革与建设选取的课程以及课程之间的关系见表 5 - 15 所列。

1. 建设与改革的民商事法课程群

表 5－15 民商事法课程群一览表

<table>
<tr><th>课程群</th><th>课程大类</th><th>课程关系</th><th>课程组成</th></tr>
<tr><td rowspan="6">民商事法课程群</td><td rowspan="4">民法</td><td rowspan="4">民事实体法</td><td>民法学之民法总论</td></tr>
<tr><td>民法学之物权法学</td></tr>
<tr><td>民法学之合同法学</td></tr>
<tr><td>民法学之侵权责任法学</td></tr>
<tr><td>商法</td><td>民法特别法</td><td>商法学</td></tr>
<tr><td>民事诉讼法</td><td>民事程序法</td><td>民事诉讼法学</td></tr>
</table>

本次课程群建设没有选取婚姻家庭法和知识产权法，是因为婚姻家庭法和知识产权法调整的内容相对独立，本次选取的课程主要是涉及财产关系的民商法法律以及相关的课程。

2. 民商事法课程群整合目标

（三）课程群改革与建设的主要内容

（1）整合课程，合理划分每门课程的内容，明确课程与课程之间的关系，根据以能力为基础的原则，整合出新的项目型课程。课程整合的内容与目标见表 5－16 所列。

表 5－16 民商事法课程群整合目标一览表

<table>
<tr><th colspan="4">课程现状</th><th colspan="5">整合和建设目标</th></tr>
<tr><th>课程群</th><th>课程大类</th><th>课程关系</th><th>现在课程</th><th>整合后的课程</th><th colspan="4">课程模块</th></tr>
<tr><td rowspan="7">民商事法课程群</td><td rowspan="4">民法</td><td rowspan="4">民事实体法</td><td>民法学之民法总论</td><td>民法学之民法总论</td><td>民法总论</td><td rowspan="4">民事实体法</td><td rowspan="7">理解和运用民商事法律的能力</td><td rowspan="7">民商法课程模块</td></tr>
<tr><td>民法学之物权法学</td><td>民法学之物权法学</td><td rowspan="3">涉财产关系的民法</td></tr>
<tr><td>民法学之合同法学</td><td>民法学之合同法学</td></tr>
<tr><td>民法学之侵权责任法学</td><td>民法学之侵权责任法</td></tr>
<tr><td>商法</td><td>民法特别法</td><td>商法学</td><td>商法学</td><td colspan="2">民法之特别法</td></tr>
<tr><td rowspan="2">民事诉讼法</td><td rowspan="2">民事程序法</td><td rowspan="2">民事诉讼法学</td><td>民事诉讼法学</td><td colspan="2">民事程序法</td></tr>
<tr><td>民商法实践教学</td><td colspan="2">民商法项目型课程</td></tr>
</table>

（2）制定规范的课程标准。每门课程应根据学科发展趋势，专业结构调整和人才培养模式改革的需求，设计符合 OBE 理念，从学校定位、专业培养目标、专业标准出发，合乎逻辑地推导出清晰可操作的课程标准。

（3）制作建设课程的教学视频。每门课程应制作和提供每学分 8 课时，每课时 3 ~4 小节，每小节 10 ~15 分钟的 MOOC 形式教学视频。

（4）编写并出版 10 万字左右的、可供学生训练 6 周左右的项目化或案例化实训教材。教材名称为“民商法实践教学课程”，供项目型课程教学使用。

（5）建设试题库。依据课程标准，按每门课程包含不少于 10 套试卷的内容建设试题库。

（6）建设民商事法课程群网站。根据《国家级精品资源共享课建设技术要求》（2012 年版）设计标准的网站。包括基础资源和拓展资源。基本教学资源：课程介绍、课程标准、教学大纲、教学日历、教案、参考资料目录和课程教学录像；扩展资源包括案例库、习题库、司法考试专区等。

（7）建立自主性学习平台。大量的教学资源上网，方便学生开展自主式学习；建设网上提交作业系统，开通网络答疑平台，促进网络环境下教与学互动，促使学生利用网络环境进行交互式学习。

（四）与课程群改革与建设有关的配套建设

（1）建立课程群建设项目组，负责组织课程群的教学和建设，成员包括各门课程负责人和骨干教师。项目组应明确核心课程群对专业人才培养的支撑作用，以及整体建设目标、内容、方案和进度；定期开展教研活动，组织观摩课、公开课，对各核心课程的教学大纲、教学实施方案、试卷、总结进行评议等。

（2）改革教学方法，深化教学研究。注重因材施教、减少课堂讲授、引导课外学习，改革考核方式，探索出提高教师教学能力、激发学生学习兴趣和热情、倡导师生互动、启迪学生多元思维、提高学生分析和解决问题能力的教学方法。

（3）严格教学管理。更新教学管理理念，加强教学过程管理，建立健全严格的教学管理制度，形成有利于支撑核心课程群建设，有利于教学团队静心教书、潜心育人，有利于学生全面发展和个性发展相辅相成的管理制度和评价办法。

四、建设成果与保障

（一）课程建设的预期成果

（1）建设符合《国家级精品资源共享课建设技术要求》（2012 年版）课程群网站。

（2）编写并公开出版《民商法实践教学》教材。

（3）制作6门课程的教学视频。

（4）6门课程共计完成60套试卷的编写，形成试题库。

（5）编制7门课程（包括新的项目性课程）的课程标准。

（二）其他成果

（1）发表相关教研论文2篇。

（2）完善与课程群有关的课程大纲、教案、课件、案例库、司法考试资源。

（3）建立自主学习平台。

（三）具体措施

（1）成立课程群建设领导小组。由强昌文、夏能礼、郑玉敏成立领导小组，负责策划和实施。郑玉敏为课程群负责人。

（2）明确分工，实行课程负责人制。由课程负责人具体负责课程建设。围绕课程群建设目标进行细致的教学设计，制订具体的实施方案，为教师提供依据和参考。课程负责人见表5－17所列。

表5－17 课程负责人一览表

序号	课程名称	负责人	参与人
1	民法学（民法总论）	郑玉敏	王　平
2	民法学（物权法学）	陈　晨	刘兵红
3	民法学（合同法学）	韩中节	强昌文
4	民法学（侵权责任学）	李益民	韩中节
5	商法学	陈　晨	郑玉敏
6	民事诉讼法学	沈亚萍	孙志超
8	项目型新课程	韩中节	沈亚萍

（3）加强队伍建设，组建教学团队。围绕课程群，建设热爱本科教学、深谙专业内涵、结构合理、教学质量高的优秀教学团队。教学团队要有明确的教学改革目标，切实可行的实施方案，健全的团队运行机制和激励机制，特别要有健全的青年教师培养提高机制。课程群主讲教师须取得相应课程的任课资格，主讲教师必须具有讲师以上职称或者博士学位，每门课程都配备两名以上教师，加强教师的结构、梯队建设。积极培养新教师。

（4）加强课程与资源建设。要面向经济社会发展的需求，瞄准学科专业发展前沿，借鉴国内外课程改革成果，充分利用现代信息技术，更新完善教学内容，优化课程设置，应用网络教学平台，开发、共享、应用案例库、习题库等教学资源。

（5）开展教学方法改革和网络教学平台应用。积极开展教学方法改革，设计丰富多样的教学活动，吸引学生广泛参与，提高学生的自主学习能力。在网络上应提供课程学习手册以及课程简介、教学大纲、教学进度表、考评方式与标准、学习指南、电子教案或课件、教材与参考文献目录等课程信息与教学资料和相关网络资源链接，布置在线作业，组织在线测试，师生互动交流等。

第四节

培养学生法律思维和法律信仰的理论法学课程群建设

一、理论法学课程群简介

理论法学课程群主要包括法理学、法史学课程，目前我校法学专业开设的理论法学课程主要包括法理学、中国法制史、西方法律思想史、当代西方法律思潮四门课程。这四门课程不仅要为应用法学课程提供方法论和基础理论，更重要的是承担着训练法学大学生法律思维、培养社会主义法律信仰的任务。因此建设理论法学课程群意义重大。法学专业理论法学课程群基本情况见表5－18所列。

表5－18　法学专业理论法学课程群基本情况简表

课程名称	课程地位	课程属性	课程内容	教学方法	考核方式
法理学	专业基础课。法理学是法学的基础理论、一般理论和方法论，在整个法学体系居于基础、核心地位，在本科法学人才培养中具有基础性地位、奠基性作用	必修	法理学是以整个法律现象的共同发展规律和共同性问题为研究对象的学科。它的研究范围十分广泛，主要包括法律的起源、发展和消亡、法律的本质和作用、法律和其他社会现象的关系、法律的创制和实现、法律的价值等	案例分析；情景教学法；小组团论法；	闭卷考试

（续表）

课程名称	课程地位	课程属性	课程内容	教学方法	考核方式
中国法制史	专业基础课。中国法制史是十四门法学主干课程之一，是法学专业学生的必修课程	必修	本课程以学习和研究中国古代、近代法律制度的沿革为主要目标，要求学生基本掌握中国传统法律制度体系的基本内容及主要特点，对法律在中国传统社会中的作用和变化有比较清楚的认识，同时学习、掌握近代中国法律制度变革的相关情况，了解法律近代化在社会中的变化和发展，为其他法学学科的学习及今后参与中国法治改革与法治建设的实践打下良好的基础	案例分析，情景教学法，专题报告	闭卷考试
西方法律思想史	专业基础课。本课程以法学导论、法理学作为知识基础，属于高年级学生进一步领会法律原理与法律精神的提高课程	选修	它的研究对象是西方（包括西欧和北美）历史上各种法律思想、观点、理论和学说以及它们产生、发展的历史和沿革的规律。它的研究范围涉及西方两千多年来不同国家、不同民族、不同历史时期中的不同学派、不同代表人物的法律思想、观点和著作。“西方法律思想史”是我院四年制本科院校法学专业选修的基础理论课程	比较分析法，主题报告，专题论文，小组讨论	开卷考试，包括案例分析、比较探讨、主题论文

（续表）

课程名称	课程地位	课程属性	课程内容	教学方法	考核方式
当代西方法学思潮	专业基础课。当代西方法学思潮作为法学的一般理论、基础理论和方法论，其研究范围和内容及其广泛	选修	“当代西方法学思潮”是对20世纪以来西方主要的法学流派进行系统介绍的一门法学课程。该课程是研究西方法学流派发展变化及其演变规律的一门法学学科，是一门哲理性很强的法学课程	比较分析法，主题报告，专题论文，小组讨论	开卷考试，包括案例分析、比较探讨、主题论文

二、理论法学课程群在本专业中的地位与作用

法学学科从认识论的角度可以分为理论法学和应用法学。理论法学是指主要研究法的基本概念、原理和知识的法学分支学科，如法理学、法制史和法律思想史。应用法学通常是指在社会中实际运用的法学分支学科，其内容包括国际法学和国内法学以及关于法律的制定、解释和实施的学问。从大的方面讲，法学专业开设的课程也可以划分为理论法学课程群和应用法学课程群。目前我校法学专业开设的理论法学课程主要包括法理学、中国法制史、西方法律思想史和当代西方法律思潮。理论法学的概括性是指它将许许多多个别的、具体的法律现象作为研究对象，从中概括出一些带有共性的、普遍性的结论，这种结论对那些具体的、个别的法律现象具有普遍性的阐释作用。

理论法学课程群是整个法学学科同时也是应用法学的基础课程。法理学是法学的基础理论、一般理论和方法论，在整个法学体系中居于基础、核心的地位，在本科法学人才培养中具有基础性地位、奠基性作用。法制史和法律思想史则是对法律发展的总结与梳理，了解历史才能更好地学习现代法律，了解国外的法律发展，才能更好地学习和丰富中国的法律。因此说理论法学课程群是整个法学学科同时也是应用法学的基础课程。

理论法学课程群的主要目标就是训练学生的法律思维和培养学生的法律信仰。理论法学通过对法学专业的学生进行“法律精神熏陶”“法治观念启蒙”“法律思维方式培育”，同时学习、掌握近代中国法律制度变革的相关情况，了解法律近代化在社会中的变化和发展，为其他法学学科的学习及今后参与中国法

治改革与法治建设的实践打下良好的基础。理论法学教学的目的和任务其实并不在于“法学知识的传授”，其核心与重点传授学生法学的一般理论、基础理论和方法论，其研究范围和内容极其广泛。在现代社会中，学习理论法学对于加强法制建设，借鉴国外法学成果，推动经济社会发展，发挥着巨大作用。学生通过理论法学课程学习，会强化专业法律意识和法制观念，了解和熟悉与法治建设密切相关的一些原理，在头脑中建立法学理论的知识体系，这些都为今后从事法律工作奠定必要的基础。

三、理论法学课程群理念与教学思想

理论法学课程意在为法学本科学生打下有关法学的初步知识、思想、理论和方法的基础。所以，理论法学课程的教学和学习对于法学专业本科学生而言，确实非常重要。理论法学课程的教学核心和重点，实际上并不在于这些基础性的法律专业知识、理论与方法，而恰恰在于揭示、展现和解释法律以及关于法律的那些道理；理论法学课程教学的目的和任务其实并不在于“法学知识的传授”，其核心与重点恰恰在于对法学专业学生进行“法律精神熏陶”“法治观念启蒙”“法律思维方式培育”。为达到上述目的，理论法学教学在基本要求上必须强调强基固本，在具体的教学方法上必须强调深入浅出，不断地克服传统教学模式教条、僵化、刻板的思维框架而提倡和践行理论法学本科课程教学的新思维。

一是在理论法学课程教学中引导学生一起思考人的生活中最基本的活动的规范维度及其对生活的意义。比如以我国现行有效的法律法规的真实文本为依据，通过举例的方式与学生一起学习这些文本的条文，对一个人从胎儿到出生到成长到死亡期间各个相应的年龄阶段、各个相应的实际活动，人的不同的生存与生活境遇情况，进行的具体的法律权利义务规定和法律责任负担，让学生真实地体味和思考规则和法律是如何真实地伴随着我们自己的一生的，引导学生思考我们每一个人应该如何严肃认真地对待法律以及我们的法律生活。

二是在理论法学课程教学中引导学生一起思考和领悟生活的逻辑。教师通过生活难题与悖论分析，让学生逐渐明白真实的生活事实，包括法律生活也并非在任何时候都是一清二楚的，规则选择有时候是必须让位于价值选择的，从而让学生逐渐意识到学习人文社会科学必须逐渐养成以生活逻辑为核心的新的思维方式，并以这种方式来认真对待社会与生活包括认真对待法律。

三是在理论法学教学中引导学生一起思考和领悟法律及其生活的情感维度。在理论法学相应内容的授课中，教师通过一些具体的事例，让学生不断地去揣摩这样的道理：人们通常都会同意说“法律是远离激情的理性”，但古今中外的法律最为根本的存在及其属性恰恰在于它们都基于生活、本于人性而融汇天理人情。

四是在理论法学本科课程教学中应坚持在适当的内容讲授过程中引导学生去思考法律人生的境界。建议同学们从对公平正义理想的终生不渝的追求、对法律职业的神圣情怀与永远忠诚、法律理念涵养下的浓烈的职业情怀几个方面去思考和规划自己今后的法律人生。

综上所述，理论法学担负着为应用法学提供基础理论的任务，理论法学教学承担着培养学生法律思维和法律信仰的任务。因此必须通过情景教学法、讨论教学法、专题报告教学法等，让学生参与到对一些法律问题的讨论和分析中去。理论法学的教学思想最重要的是、减少课堂讲授、引导课外学习，改革考核方式，探索出提高教师教学能力、激发学生学习兴趣和热情、倡导师生互动、启迪学生多元思维、提高学生分析和解决问题能力的教学方法。

四、理论法学课程群改革与建设的目标

（一）精品课程的模块化建设

以专业培养目标为课程设置的方向，以培养学生法律思维和法律信仰为基础，促进精品课程的模块化建设。以 OBE 教育模式为导向推进课程改革，课程群的建设目标和内容都应体现 OBE 模式的基本要求。

（1）围绕法律人才培养目标要求，为完善相应专业学生的知识、能力、素质结构，将相应专业培养方案中的知识、方法、问题等方面具有逻辑联系的若干课程重新规划、整合构建而成的有机的课程系统。

（2）以学生的培养为主线、以课程的逻辑联系为纽带、以教师团队合作为支撑、以质量效益为抓手、以深化教学改革为动力的课程建设模式。

（3）通过对相关课程教学内容规范化、教学手段的先进化和教学方法的多样化，从理论讲解到案例教学，从小组讨论到专题报告，使得整个理论法学课程体系进一步完善，更具系统性，服务于学生的法律思维培养与法律信仰建构。

（二）要解决的关键问题

（1）通过课程整合，解决相关课程的横向与纵向关系而造成的课程间内容重复、课程内容陈旧及课程教学与实践脱节。

（3）通过整合和实训教材编写，开出新的项目型能力培养课程。

（4）通过 MOOC 等形式，加强课程网站的建设，为学生打造自主学习的

平台

（5）通过习题库的建设，实现考试内容考试方法的改革。

五、理论法学课程群建设任务

（一）课程体系建设

课程体系建设要重新整合4门理论法学课程教学内容，理清每门课程的教学内容及其重点；理顺各门课程的关系，整合新的项目型课程“法律思维与法律方法”。

（二）加强师资队伍建设，组建教学团队

围绕课程群，建设热爱本科教学、深谙专业内涵、结构合理、教学质量高的优秀教学团队。教学团队要有明确的教学改革目标、切实可行的实施方案、健全的团队运行机制和激励机制，特别要有健全的青年教师培养提高机制。课程群主讲教师须取得相应课程的任课资格，主讲教师必须具有讲师以上职称或者博士学位，争取每门课程都配备两名以上教师，加强教师的结构、梯队建设。积极培养新教师。

（三）课堂教学模式、教学方法与教学方式改革

传统的理论法学课程都是以教师的理论灌输为主的。传统的课堂教学严重地剥夺了学生的主体地位，束缚了学生的思维能力，学生完全处于被动的地位。事实上，教学是教师的教和学生的学的统一，教学过程是师生交往、积极互动、共同发展的过程。我们需要的教学应是一种对话、一种互动、应是学习的主体（学生）与教育的主体（教师）交互作用的过程，应是构建学生主体参与课堂的过程。本课程群拟尝试以学生为主体的教学方式。充分利用各种教学资源，构建小组讨论式、专题报告式、主题演讲式教学方法与模式。

（四）教学内容与考核方式改革

理论法学的教学内容改革要紧紧围绕弘扬社会主义核心价值观，培养学生对社会主义法治的信仰为主线，选用马克思主义工程教材，训练学生社会主义法治思维。考核方式以考查学生对法律的理解和法律思维为主，法理学和中国法制史等必修课程以考查学生法律知识和法学理论为主，可以采用闭卷方式，西方法律思想史和当代西方法律思潮为选修课，拟采用组讨论式、专题报告式、主题演讲式考核方法。

六、理论法学课程群改革与建设预期成果

一是整合课程，合理划分每门课程的内容，明确课程与课程之间的关系，根

据以能力为基础的原则，整合出新的项目型课程。课程整合内容与目标见表5－17所列。

二是制定规范的课程标准。每门课程应根据学科发展趋势、专业结构调整和人才培养模式改革的需求，设计符合OBE理念，从学校定位、专业培养目标、专业标准出发，合乎逻辑地推导出清晰、具有可操作性的课程标准。

三是制作建设课程的教学视频。法理学和中国法制史制作和提供每学分8课时，每课时3～4小节，每小节10～15分钟的MOOC形式教学视频。

四是编写并出版10万字左右的、可供学生训练6周左右的项目化或案例化实训教材。教材名称为法律思维与法律方法，供项目型课程教学使用。

五是建设试题库。依据课程标准，按每门课程包含不少于10套试卷的内容建设试题库。

六是完善教学资源：课程介绍、课程标准、教学大纲、教学日历、教案、参考资料目录和课程教学录像等。

七是发表相关教研论文2篇。

八是完善与课程群有关的教案、课件、案例库、司法考试资源。

七、具体措施

（1）成立课程群建设领导小组，强昌文为总负责人。由强昌文、夏能礼、郑玉敏成立领导小组负责策划和实施。

（2）明确分工，实行课程负责人制。由课程负责人具体负责课程建设。围绕课程群建设目标进行细致的教学设计，制订具体的实施方案，为教师提供依据和参考。课程负责人见表5－19所列。

表5－19　课程负责人一览表

序号	课程名称	负责人	参与人
1	法理学	强昌文	郑玉敏
2	中国法制史	石　播	邓新龙
3	西方法律思想史	郑玉敏	石　播
5	当代西方法学思潮	强昌文	沈亚萍
8	项目型新课程	郑玉敏	石　播

（3）加强课程与资源建设。要面向经济社会发展的需求，瞄准学科专业发

展前沿，借鉴国内外课程改革成果，充分利用现代信息技术，更新完善教学内容，优化课程设置，应用网络教学平台，开发、共享、应用案例库、习题库等教学资源。

（4）开展教学方法改革和网络教学平台应用。积极开展教学方法改革，设计丰富多样的教学活动，吸引学生广泛参与，提高学生的自主学习能力。在网络上应提供课程学习手册以及课程简介、教学大纲、教学进度表、考评方式与标准、学习指南、电子教案或课件、教材与参考文献目录等课程信息与教学资料以及相关网络资源链接，布置在线作业，组织在线测试，师生互动交流等。

第五节

地方立法学课程建设

一、本课程教学理念与目标

（一）本课程的教学理念

（1）以学生为本，注重启发教学，注重探究式学习，让学生参与到课堂教学中来。

（2）以能力为本，整个课程以培养学生参与立法实际工作的技能为主要目标。

（3）教与学相长，一方面培养学生的立法理念和参与地方立法工作的基础能力；另一方面培养地方立法工作者的立法能力和立法水平，促进地方立法研究的开展和深入。

（二）本课程的教学目标

教师通过教学，要求学生做到以下几点：

（1）了解地方立法的功能、权限、程序以及公文格式；

（2）熟悉地方立法的起草、审议、备案审查、法律解释等基本要点；

（3）初步掌握地方立法的技术，掌握立法论证、听证等的流程；

(4) 会做简单的立法计划、立法规划论证，会对草案进行简单的修订。

二、教学内容与课程特色

(一) 本课程的主要特色

(1) 地方性，本课程所有内容都会结合地方立法特别是结合东莞地方立法的实际。

(2) 应用性，本课程所有过程都指向培养学生的立法理念和参与地方立法工作的基础能力。

(3) 形式多样性，本课程将采取专题讲座和综合项目课程等进行。

(4) “地方—高校”协同机制，本课程由立法基地教师和地方立法实务工作者共同开设。

(二) 教学内容

地方立法专题讲座授课具体内容见表5－20所列。

表5－20　地方立法专题讲座情况表

开课时间	授课内容	授课学时
第六周	地方立法权限和立法程序	3
第七周	地方立法起草和审议	3
第八周	地方立法技术	3
第九周	地方立法比较	3
第十周	东莞地方立法成绩与问题	3
第十一周	东莞地方立法计划制定和地方法规的备案审查	3
总计		18学时（1学分）

2学分36学时地方立法实务授课具体内容见表5－21所列。

表5－21　地方立法实务课情况表

授课内容	学时数
地方立法原则、功能、权限、程序	12
地方立法起草、审议	8
地方立法技术	4

（续表）

授课内容	学时数
地方立法特色比较	4
东莞地方立法成绩与问题	2
东莞地方立法计划的制定	2
东莞地方立法备案审查	2
东莞地方立法需求	2
	36 学时

三、“地方立法实务”课程教学内容

（一）课程性质和教学对象

地方立法实务是法学专业的专业课和综合性项目课程。本课程的教学对象为法学专业的本科学生。

（二）课程特点、目的和任务

本课程是法学专业本科生限选的专业课之一，兼具理论性与应用性。本课程的任务：通过讲授立法原理、立法制度和立法技术，引导学生从实证的角度研究立法现象及立法规律，使学生站在一个更高的位置去审视已经学习过的各种具体的法律法规。本课程坚持以学生为本，注重启发教学，注重探究式学习，让学生参与到课堂教学中来；以能力文本，整个课程以培养学生参与立法实际工作的技能为主要目标。教与学相长，一方面培养学生的立法理念和参与地方立法工作的基础能力；另一方面培养地方立法工作者的立法能力和立法水平，促进地方立法研究的开展和深入。教师通过教学，要求学生了解地方立法的功能、权限、程序以及公文格式；熟悉地方立法的起草、审议、备案审查、法律解释等基本要点；初步掌握地方立法的技术；掌握立法论证、听证等的流程；会做简单的立法计划、立法规划论证；会对草案进行简单的修订。

（三）对先修课的要求

在选修本课程之前，学生的先修课程包括法理学、宪法学、中国法制史和主要的部门法。

（四）课程的主要内容、基本要求和学时分配

第一章　立法和地方立法的概念（2 学时）

1. 立法和地方立法概念释义

2. 立法的外延、内涵和定义
3. 立法和法的创制、制定、制订、拟订

第二章　地方立法概述（2 学时）

1. 地方立法概述
2. 一般地方立法
3. 民族自治地方立法
4. 经济特区和特别行政区立法

第三章　地方立法立法指导思想、基本原则（2 学时）

1. 立法指导思想和基本原则概述
2. 中国立法的指导思想
3. 中国立法的基本原则
4. 地方立法的基本原则

第四章　立法权和地方立法权限（2 学时）

1. 立法权概述
2. 立法权和国家权力体系
3. 立法权的归属和范围
4. 地方人大的立法权限
5. 地方人大常委会的立法权限
6. 地方政府规章的权限

第五章　地方立法程序（4 学时）

1. 地方立法程序概述
2. 提出法案
3. 审议法案
4. 地方法规的表决、批准与公布

第六章　地方立法预测、规划和决策（2 学时）

1. 立法预测
2. 立法计划和规划
3. 立法决策

第七章　地方性法规的立项（2 学时）

1. 地方法规立项的原则
2. 主要要求
3. 法规立项工作的几个难点

第八章　地方性法规起草机制（2 学时）

1. 政府起草

2. 人大起草

3. 委托起草

4. 集中起草

第九章　地方性法规起草要遵循的原则与问题（2 学时）

1. 地方法规起草原则

2. 地方性法规起草中的几个具体问题

第十章　地方法规的审议（4 学时）

1. 地方人大审议

2. 地方常委会的三审。

3. 审议内容重点

第十一章　立法技术总论（2 学时）

1. 何谓立法技术

2. 立法技术与立法、法制和社会发展

3. 立法活动运筹技术

4. 法的结构营造技术

第十二章　地方立法方法、策略和要求（2 学时）

1. 地方立法的一般方法

2. 地方立法的基本策略

3. 地方立法技术的其他要求

第十三章　地方法案的构造（2 学时）

1. 法的结构的要件和类型

2. 法的名称

3. 法的内容

4. 目录、标题、序言、括号和附录

5. 卷、编、章、节、条、款、项、目

6. 立法语言文字

第十四章　地方性法规的总则、分则和附则（2 学时）

1. 地方性法规的总则

2. 地方性法规法的分则

3. 地方性法规法的附则

第十五章　地方法规完善（2学时）

1. 地方法规的配套

2. 地方法规的及时

3. 地方法规的清理

第十六章　地方性法规对民主立法与科学立法的贯彻（2学时）

1. 立法公开

2. 立法听证

3. 立法论证

4. 立法评估

（五）习题课（或讨论课）的内容和要求

1. 基本内容：举行一次模拟立法听证会。

2. 基本要求：在熟练掌握立法学基本理论的基础上，通过组织学生模拟社会各界角色，进行一次立法听证会的演练。该讨论课具有实践性和启发性。要求学生重点掌握立法听证会的基本程序，明晰听证会的制度精神。

（六）主要教材及参考书

1. 教材

[1] 周旺生．立法学教程［M］．北京：北京大学出版社，2006

[2] 周旺生．立法研究（第2卷）［M］．北京：法律出版社，2001

[3] 朱力宇　张曙光．立法学（第二版）［M］．北京：中国人民大学出版社，2006

2. 参考文献

[1]［英］安东尼·吉登斯．社会学［M］．北京：北京大学出版社，2003

[2]［法］孟德斯鸠．论法的精神［M］　北京：商务印书馆，1961

[3]［美］理查德·A. 波斯纳．法律的经济分析［M］，北京：中国大百科全书出版社，1997

3. 扩充性资料：东莞市人大立法专网之十项工作指引（http：//dgrd. dg. gov. cn/publicfiles/business/htmlfiles/dgrenda/s42977/list. htm）

（1）东莞市人大常委会制定地方性法规流程概要；

（2）东莞市人大常委会立法技术规范；

（3）东莞市地方性法规公文格式样本；

（4）东莞市地方性法规立项工作指引；

（5）东莞市人大常委会立法公开工作指引；

（6）东莞市人大常委会立法听证工作指引；

（7）东莞市人大常委会立法论证工作指引；

（8）东莞市人大常委会立法评估工作指引；

（9）东莞市人大常委会立法咨询与评估专家工作指引；

（10）东莞市人大常委会地方立法研究评估与咨询服务基地工作指引

（11）中华人民共和国立法法。

（七）考核方法

以期末考试为主，考核形式采取理论联系实际的方法，主要考核学生的立法知识与技术，会结合一个提案进行论证或者结合一部草案进行修改等形式进行考核。结合平时作业及模拟立法听证会综合评定成绩。

四、教学方法与考核形式

（一）教学方法

1. 案例教学法，授课教师将会在本课程建设中广泛针对东莞的一些特殊问题，如何通过立法加以解决进行全面阐述。

2. 实证的方法，授课教师主要结合东莞的地方立法实际来讲授。

3. 文本分析法，授课教师会结合具体的东莞已经通过或正在征求意见过程中的某一部法规草案来具体讲解分析。

4. 对比法。主要是对比外地与东莞立法的不同做法，启发学生进行探究式学习。

（二）考核形式

考核形式采取理论联系实际的方法，主要考核学生的立法知识与技术，会结合一个提案进行论证或者结合一部草案进行修改等形式进行考核。

五、开课计划

第一阶段：从 2017 年起在 2014 级卓越法律人才班开设地方立法实务专题系列讲座，共 6 讲，每个讲座 3 学时，共 18 学时，记一个学分。6 个讲座分别由长期以来参加东莞市地方立法的立法评估与咨询教师承担 4 个讲座，另外 2 个讲座聘请东莞市人大常委会法工委从事专门立法的立法事务工作者讲 3 讲，其中也会积极争取邀请省人大专家为学生开办一次讲座。

第二阶段，从 2016 年级法学专业开始，开设 36 个学时 2 个学分的专业项目性课程。由立法基地老师和东莞立法实务工作者一起开设。

六、课程的建设计划

2016 年 10 月，立法基地接受市人大法工委委托举办了第一届东莞市地方立法培训班；同年应法工委、法制局、国土局、环保局要求，法学专业向这些单位派出了实习学生。

与此同时，法工委与地方基地协商，面向东莞理工学院法学专业开设有关地方立法理论与实务方面的课程，并表示他们愿意承担一部分课程，希望立法基地的老师和东莞的立法实务工作者共同承担起为东莞地方立法培养人才的任务。

（一）开设该门课程的必要性

东莞获得地方立法权之后，立法人才缺乏和立法能力较弱的问题逐渐显现。因此培养地方立法人才和通过加强地方立法研究提高地方立法能力就成为东莞有效行使地方立法权的重要保证。

东莞理工学院是东莞的地方本科院校，一方面承担着为地方法制建设包括地方立法培养人才的任务，同时承担着为东莞地方法制建设提供服务和智力支撑的重任。东莞获得地方立法权之后，在东莞理工学院法律系成立了东莞市地方立法评估与咨询基地。立法基地的教师近两年全力承担配合东莞市地方立法的工作。全程参与了东莞市城市综合管理执法条例和东莞市生态文明促进条例的起草、审议、评估过程，仅 2016 年一年立法基地就承担东莞市人大法工委委托的研究项目 7 项。东莞理工学院法律系为东莞市地方立法服务的功能凸显。

另一方面，根据立法法的规定，设区的地级市的立法权包括城乡建设与管理、环境保护、历史遗产保护三个方面，因此与此有关的环境保护、综合执法、规划、公安、海洋渔业、农业、林业、教育以及法制局、人大法工委都实际上直接或者间接地参与到地方立法的工作中。与此同时，对立法人才以及立法辅助人才的需求旺盛，这些单位对实习学生和毕业生需求明显增强，而这些岗位的工作就需要了解相应的地方立法的知识和技术。因此，开设地方立法方面的课程就显得尤为必要。

（二）开设该门课程的基础

1. 教师队伍基础：本课程任课教师一部分来自常年参与东莞市立法的地方基地专家，另一部分是实际从事地方立法实务工作者。郑玉敏、强昌文等都曾经开设过立法学课程。

2. 实践基础：东莞地方立法评估与咨询基地曾经为东莞市举办过立法培训班，主讲教师郑玉敏、强昌文、沈亚萍都曾受邀在该培训班上为学员授课。其他老师多次参加省人大的立法点评会学习。

郑玉敏和罗兆婧老师曾多次随市人大考察内地和西南地区地方立法工作，了解其他地区在地方立法方面的一些成功经验和做法

3. 教材和参考资料使用，为学生提供参考书，并复印参考资料和授课大纲。

（三）本课程建设内容

1. 队伍建设：越来越多地深度参与东莞地方工作的教师，会成为本课程队伍建设的重要基础，同时我们还准备聘请更多的有立法经验的律师和实务工作者为学生授课。

2. 教材建设：东莞市立法评估与咨询基地计划在 3 年内编写《地方立法理论与实务》教材。

3. 经费保障：东莞市人大常委会每年资助东莞市立法评估与咨询基地日常经费 20 万元。基地这笔经费主要用于积极参与地方立法工作和为地方立法培养人才，包括开出特色立法课程的补贴。东莞市立法评估与咨询基地可以对开出特色立法课程的老师进行调研、编写教材等方面提供资助。

（四）课程建设进度安排

第一阶段：从 2017 年起在 2014 卓越法律人才班开设地方立法实务专题系列讲座，共 6 讲，每个讲座 3 学时，共 18 学时，记一个学分。6 个讲座分别由长期以来参加东莞市地方立法的立法评估与咨询教师承担 4 个讲座，另外 2 个讲座聘请东莞市人大常委会法工委从事专门立法的立法实务工作者讲 3 讲，其中也会积极争取邀请省人大专家为学生开办一次讲座。

第二阶段，从 2016 年级法学专业开始，开设 36 个学时 2 个学分的综合项目型课。由立法基地的老师和东莞立法实务工作者一起开设。

争取在 5 年内把该门课程建设为具有可复制性和推广价值的特色课程。

第六章

地方卓越法律人才培养机制创新的理论与实践

第一节

开展人才培养机制建设的意义

一、项目依托

1. 2014 年广东省本科高校教学质量与教学改革工程立项建设项目，广东省“创新强校”工程资助项目，“卓越法学人才培养计划试点专业”（粤教高函〔2014〕97 号）。项目主持人郑玉敏。

2. 2014 年广东省本科高校教学质量与教学改革工程立项建设项目，广东省“创新强校”工程资助项目，“法学专业综合改革”（粤教高函〔2014〕97 号）。项目主持人强昌文。

二、项目培育的意义

本项目是在全面推进依法治国方略的大背景下，主要通过在东莞理工学院法学专业举办“卓越法律人才培养实验班”为载体，以 2014 年广东省本科高校教学质量与教学改革工程立项建设项目，“卓越法学人才培养计划试点专业”和“法学专业综合改革”为项目依托，探索地方卓越法律人才培养机制，为培养适应区域和地方经济社会发展需要的应用型、复合型法律人才服务。

本项目拟解决的关键问题是探索地方职业化法律人才培养机制和模式，解决当前法学教育当中理论与实践脱节的现象，满足地方、政府、社会、产业发展的对应用型法律人才重大需求。项目实施拟以协同创新为引领，整合校内专业、课程、实验室等资源，推进复合型法律人才培养；与地方司法实务深度合作培育人才，创新高校—实务部门联合培养机制，推进应用型人才培养模式改革。

三、项目现状分析

东莞理工学院法学学科是学校重点建设的二级学科，“卓越法律人才培养实验班”是学校卓越人才培养实验的重要组成部分。2014 年法学专业招收 30 名学生，开办了首届“卓越法律人才培养实验班”。实验班开办的基础是依托法学专业经过十几年举办法学本科专业积累的师资、实验室、实习基地以及法学专业的教学改革和研究基础。目前法学学科的综合实力在省内同等规模的院校中处于中等偏上水平。

“卓越法律人才培养实验班”得到了学校和东莞司法实务部门的支持，学校将每年为实验班提供专项经费；司法实务部门已经与法律与社会工作学院签订了“东莞理工学院与司法实务部门共同培养卓越法律人才协议书”。以上为本项目的开展提供了协同培养地方法律人才经费和机制保障。

法学专业为办好“卓越法律人才培养实验班”进行了认真的准备和初步的探索实践。学院通过制订单独的卓越法律人才培养方案，在培养目标、培养标准、课程设计、培养过程等方面进行了改革；在管理体制、教学方法、能力培养等方面进行了初步试验。开始整合校内资源，加强与司法部门协同培养机制的建设，推动以应用性、复合性、地方性为导向的课程改革和人才培养机制创新。

第二节

与本项目有关的教学改革工作积累和已取得的工作成绩

一、与本项目有关的教学改革工作积累

（一）已完成的有关应用型法律人才培养模式的课题研究

东莞理工学院重点课题——法学专业实践教学体系及教学手段改革的研究与

实践（2005. 5—2007. 5），主持人郑玉敏。

东莞理工学院教改项目——统一司法考试与法学教育改革——以东莞理工学院法学本科教学改革为例（2008. 12—2010. 12），主持人郑玉敏。

广东省教学改革项目——应用型法律人才培养与法学专业实践教学体系改革的研究与实践（2007. 10—2011. 9），主持人郑玉敏。

广东省教育科学“十一五”规划课题——法学专业实践教学体系构建及教学方法改革的研究与实践（2010. 6—2012. 6），主持人郑玉敏。

广东省教育科学“十一五”规划课题——高等学校法学专业“知识产权法”课程双语教学的理论与实践研究（2010. 6—2012. 6），主持人龚红兵。

（二）正在进行的与本项目有关的教学改革项目

广东省本科高校教学质量与教学改革工程立项建设项目——精品资源共享课“合同法学”（2012. 9—）主持人郑玉敏。

广东省高等教育教学研究和改革项目——应用型本科院校“知识产权法”课程案例化、网络化和双语化教学平台建设的研究与实践（2014. 9—），主持人龚红兵。

广东省本科高校教学质量与教学改革工程立项建设项目——卓越法律人才培养试点专业（2014. 9—），主持人郑玉敏。

广东省本科高校教学质量与教学改革工程立项建设项目——法学专业综合改革（2014. 9—），主持人强昌文。

二、与本项目有关的已取得的教学改革工作成绩

（1）双师型队伍建设。20 名专业教师具有双师资格（教师和律师、仲裁员），10 名资深法官、律师兼职教授，10 名以上司法实务人员参与教学。

（2）实习基地建设。已经建立包括法院、律师事务所、仲裁委员会和企事业单位的稳定的实习基地。

（3）实验室建设。已建成能容纳 500 人的模拟法庭。每年学生定期举办模拟法庭，2014 年起巡回法庭两次走进课堂。

（4）实务型教材建设。本专业教师已经主编《合同法学》《民法学》《经济法学》《劳动与社会保障法学》等多部教材，在高等教育出版社、清华大学出版社、厦门大学出版社等国家级一级出版社出版。教材编写努力适应了培养应用型法律人才的需要。

（5）学生管理制度建设。学院通过面试，在新生中遴选学生组建卓越法律人才班，实行小班教学和精英教育，实行了“双导师制”。

（6）课程结构改革与课程建设。课程设置以应用型、复合型、地方性为导向，增加了专业拓展课和法律实务课。课程建设成绩突出，已经有两门课获得省精品课立项。

三、负责人和项目团队成员所承担的教学改革和科研项目情况

（一）已完成的有关应用型法律人才培养模式的课题研究

东莞理工学院（重点课题）——法学专业实践教学体系及教学手段改革的研究与实践（2005. 5—2007. 5），主持人郑玉敏。

东莞理工学院教改项目——统一司法考试与法学教育改革——以东莞理工学院法学本科教学改革为例（2008. 12—2010. 12），主持人郑玉敏。

广东省教学改革项目——应用型法律人才培养与法学专业实践教学体系改革的研究与实践（2007. 10—2011. 9），主持人郑玉敏。

广东省教育科学“十一五”规划课题——法学专业实践教学体系构建及教学方法改革的研究与实践（2010. 6—2012. 6），主持人郑玉敏。

广东省教育科学“十一五”规划课题——高等学校法学专业“知识产权法”课程双语教学的理论与实践研究（2010. 6—2012. 6），主持人龚红兵。

安徽省精品课程“法理学建设”（2009. 7—2013. 7），强昌文。

（二）正在进行的与本项目有关的教学改革项目

广东省本科高校教学质量与教学改革工程立项建设项目——精品资源共享课“合同法学”（2012. 9—），主持人郑玉敏。

广东省高等教育教学研究和改革项目——应用型本科院校“知识产权法”课程案例化、网络化和双语化教学平台建设的研究与实（2014. 9—），主持人龚红兵。

广东省本科高校教学质量与教学改革工程立项建设项目——卓越法律人才培养试点专业（2014. 9—），主持人郑玉敏。

广东省本科高校教学质量与教学改革工程立项建设项目——法学专业综合改革（2014. 9—），主持人郑玉敏。

（三）负责人和项目团队成员所承担的科研项目情况

中国法学会部级课题——中国女性平等工作权立法研究（2009. 7—2010. 11），主持人郑玉敏。

广东省人文社科项目——广东现代化进程中的妇女发展与权利保护（2011. 10—），主持人郑玉敏。

国家社科基金项目——软法及相关问题研究。（2011. 7—），主持人强昌文。

国家社科基金项目——伦理观的变迁与法律权利之发展（2003.6—2007.6），主持人强昌文。

民政部课题——社会组织内部治理的软法机制研究（2013.4—2013.12），主持人强昌文。

东莞社科联项目——东莞社会管理创新法治化研究（2013.3—2013.10），主持人沈亚萍。

2013年教育部第46批留学归国人员科研启动基金（教育部国际合作与交流司）——广东省民营制造企业海外并购中的知识产权法律问题研究（2013.5—），主持人龚红兵。

四、学校已经具备的教学改革基础和环境

（1）东莞理工学院是“卓越工程师教育培养计划”首批试点之一，广东有三家，另外两家是华南理工大学和汕头大学，卓越工程师教育培养计划实行学校和企业深度合作，

继“卓越工程师教育培养计划”之后，东莞理工学院启动卓越人才培养试点工作。2014年获批的有卓越法律人才培养试点、卓越会计师专业培养试点、卓越环境工程师专业培养试点。

（2）学校对“卓越工程师教育培养计划”和“卓越人才培养试点”的实验班提供专项经费支持。学校每年下拨专项经费用于卓越班和实验班学生的实习、实践、仪器设备购买和支持学生活动。

（3）学校健全卓越班和实验班的管理制度，为卓越班和实验班配备专业班主任，对卓越班和实验班的人才培养方案设计给予自主权，对卓越班和实验班教师工作量计算等给予优惠，鼓励卓越班和实验班自主设置课程，鼓励教师为卓越班和实验班开设特色课程。

五、学校对项目的支持情况

申请“卓越法律人才培养计划试点专业”作为广东教育教学成果奖（高等教育）培育项目，主要依托2014年广东省本科高校教学质量与教学改革工程两个立项建设项目，即“卓越法律人才培养试点专业”和“法学专业综合改革”，这两个项目得到了广东省“创新强校”工程资助。学校预计在四年内向每个项目资助20万元。其中“卓越法律人才培养试点专业”项目资助的经费主要用于卓越法律人才培养计划使用。

第三节

本项目尚缺少的条件和拟解决的途径

本项目目前尚缺少的条件主要是与司法实务部门联合培养卓越法律人才协议的落实问题。根据东莞理工学院与东莞司法实务部门签订的协议司法实务部门作为“东莞理工学院卓越法律人才实践教学基地”。法律与社会工作学院可以聘请东莞实务界人士作为专业指导委员会委员，就卓越法律人才培养的相关事宜如师资队伍建设、课程设置、实习实训等提供决策咨询；聘请资深仲院长及庭长为兼职教授，为学生讲授审判实务课程；邀请法官指导学生模拟开庭；定期举办法学名家讲座。但是，由于法官、律师等的职业岗位特点，由某一律师或者法官单独承担某一门课程在时间上有困难，拟采取与专任教师与实务界界兼职老师共同承担一门课程；或者聘请实务界专家以讲座形式开课或者巡回法庭进课堂的方式落实实务部门参与教学，实务部门与高校签订联合培养法律人才的协议。

本项目为培养复合人才服务开设了一些经济学和管理学课程，已经与相关院系达成一致，通过整合校内院系资源来实现这些专业拓展课程的教学。

一、具体改革实践内容

（1）由过去高校单独培养学生改为高校—实务部门联合培养。加强高校与实务部门的合作，共同制定培养目标，共同设计课程体系，共同开发优质教材，共同组织教学团队，共同建设实践基地，探索形成常态化、规范化的卓越法律人才培养机制。

（2）将过去的以理论教学形式授课为主改为理论教学与实践教学并重，突出实践环节。实践课程占 20%，实务课程 16 门，达到 256 学时。开展分阶段实习，配备专职实习导师，建设一批校外法学实践教学基地，积极开展覆盖面广、参与性和实效性强的专业实习。

（3）改变过去的大众教育为精英教育。在课程体系和教育模式上，实行小班授课，尽量采用启发式、论辩式、案例式教学方法来启发同学的思维。在学生选拔上，面向一年级新生，通过面试的方式择优选拔30名学生组成卓越班进行实验培养，重视学生的表达能力和综合素质。

（4）改变过去的单一法学课程结构为复合性课程结构，开设一定数量的经济学和管理学课程。教学过程中卓越法律人才试点“法律+经济”复合性课程设计和人才培养。

（5）改变过去由学生部门、辅导员管理学生为“双导师制”。强化导师对实验班学生专业与人格的双重引导。学生在专业课老师的指导下进行专业知识学习，在实务部门导师的指导下进行法律职业训练。学院通过复合指导的模式，促进法学教育与法律职业的有效衔接。

（6）探索建立高校与法律实务部门人员互聘制度，鼓励支持法律实务部门有较高理论水平和丰富实践经验的专家到高校任教，鼓励支持高校教师到法律实务部门挂职，努力建设一支专兼结合的法学师资队伍。鼓励法学骨干教师到海外学习、研究，提高专业水平和教学能力。

二、改革实践目标

目标是按照国家“卓越法律人才教育培养计划”的要求，探索地方应用型大学培养地方应用型法律人才培养的机制，通过借鉴外部已有的培养模式和经验，利用法学专业良好办学基础，改革和创新我院法律人才培养模式，加强专业的应用性、复合性、地方性、特色性建设，培育专业优势，提高人才培养质量，提升专业服务地方经济社会发展的贡献度，推进法学专业综合改革，培养适应地方需要的高素质应用型法律人才。

第四节

改革的实施方案

一、拟解决的关键问题

卓越法律人才教育培养计划试点拟解决的关键问题是探索职业化法律人

才培养机制和模式，解决当前法学教育当中理论与实践脱节的问题。从法学教育的职业化特色出发，卓越法律人才教育培养计划试点课程设置注重与实务部门的对接，广泛听取实务部门的意见和建议，按照实务部门的需求来制订人才培养方案。针对当前高等教育大众化的发展趋势，尝试探索精英人才教育。构建我校与法律实务部门的联合培养机制，打造“双师型”法学师资队伍，造就一批适应社会主义法治国家建设需要、服务地方经济建设的卓越法律职业人才。

二、实施方案

为提升法学专业教育水平、法律人才的职业素养与竞争力，促进法学专业教育的整体优化，东莞理工学院法律与社会工作学院法学专业从2014年起面向新生进行二次选拔，设立“卓越法律人才”培养实验班，与东莞实务界共同培养地方卓越法律人才，落实中央政法委、教育部“卓越法律人才培养计划”。本实验班拟按照复合型应用型人才培养模式改革的基本要求和内在规律，以“掌握扎实法律基础知识、具有熟练法律应用技能”为导向，与实务部门深度合作，共同确立培养目标，共同设计课程体系，共同开发优质教材，共同组织教学团队，共同建设实践基地，创新法律人才培养机制。努力培养一批具有优良的思想道德素质、坚定的法治信仰追求、扎实宽广的法律专业知识、娴熟的法律应用技能的复合型法律人才。

本项目主要通过设立实验班的方式，实证研究地方卓越法律人才培养机制创新，推进人才培养模式改革。

三、实施方法

本项目的实施以全面提高质量为核心，以校院（法院）所（律师事务所）协同创新为引领，以法律人才培养模式改革和机制创新为重点，重在解决法律人才培养过程中的问题，拟在培养机制上有突破。培养符合地方经济社会发展需要的人才，满足地方、政府、社会、产业发展的重大需求。实施过程要以协同创新为引领，整合校内专业、课程、实验室等资源，推进校内协同育人；与政府、院（法院）所（律师事务所）和其他高校合作，推进地方应用型法律人才培养模式改革。

法律与社会工作学院负责本项目实施的具体分工如下：

郑玉敏，负责本项目的策划和实施。主要包括人才培养方案的制订、生源选拔方案的制订与实施、课程改革、方法改革、学业导师选拔与实施、教材建设等。

强昌文，负责本项目的指导。主要包括人才培养方案以及其他各项实施方案的审阅与建议、职业导师的选拔与管理、实务课程的安排、师资建设特别是与实务部门的沟通与合作。

沈亚萍，担任班主任，负责班级日常管理与学风建设。

夏能礼，负责日常教学管理。

廖训强，负责实践教学的实施，主管实习。

强昌文、郑玉敏、王平等 14 名具有副教授职称或者具有博士学位的老师被选为学业导师，负责指导学生的阅读与学习，主要是指导学生的司法考试与研究生考试。指导学生的学年论文和毕业论文的写作。

拟聘 15 名实务界人士担任学生的职业导师，负责学生的实习指导和就业指导。

罗兆静负责学生司法考试指导。蒋丽静负责资料购买与设备管理。

四、具体实施计划（含年度进展情况）及可行性分析

第一阶段：2014 年 12 月—2015 年 7 月，制订“东莞理工学院卓越法律人才教育培养方案”在新生中试点卓越法律人才教育培养方案。

第二阶段：2015 年 9 月—2017 年 7 月，探讨学生培养管理办法、优化课程体系和实践教学环节、推进教学方法改革；完善培养过程设计和建设。

第三阶段：2017 年 9 月—2018 年 9 月，检验试点成果，组织学生参加司法考试和研究生入学考试，落实职业老师制、落实实习改革和推进学生高水平就业。具体安排如下：

1. 第一阶段

（1）获得学校批准立项；

（2）在新生中二次遴选招生，进行校内试点；

（3）选一个“卓越法律人才培养”国家级基地和一个地方院校“卓越法律人才培养”实验班调研学习，制订“卓越法律人才培养”实验班培养方案。

（4）出台制订学生培养管理办法、遴选标准；

（5）专业指导教师遴选。

2. 第二阶段

开始实施卓越法律人才教育培养计划试点：

（1）实务界人士参与授课；

（2）实践平台建设；

（3）课程改革、方法改革等；

（4）职业导师遴选。

3. 第三阶段

（1）实习落实；

（2）毕业论文指导与改革；

（3）司法考试与研究生考试指导；

（4）就业指导；

（5）项目总结。

本项目已经按计划启动实施。目前本项目已获批广东省质量工程立项资助，而且项目的运行也是东莞理工学院卓越人才培养和实验班改革的重要组成部分。因此本项目应在学校的统一规划和安排中进行。根据安排法学专业将积极探讨制订卓越法律人才培养计划，积极参加卓越法律人才培养模式的各类全国性会议，加强与省内高校的联系，相互借鉴经验，课题组成员积极申报教研课题，研究卓越法律人才培养模式的理论教学和实践教学的路径和方法，从而为卓越法律人才培养计划的制订夯实理论基础。

建立同人民法院、律师事务所的联合培养机制，争取实现要求实习的学生能够尽量全过程参与一个指导老师所经办的案例，以便对司法实务有切身的体会和感受；开展模拟审判、法院实习等实践课程，加大实践环节的力度并追求高质量，鼓励学生积极参与各种社会实践。

通过试点创建开放式的人才培养机制，聘请国内外知名专家和政法实务部门、企事业单位具有丰富实践经验的法官、检察官、警官、律师，以及企业家、管理者为兼职教师；加强“双师型”教学团队的建设，建设一支专兼结合、“双师型”的法学教学团队；重设课程体系：包括学科专业课程和实践实训课程，建设学生自主学习平台，网络资源课程要丰富而全面，建设两门省级精品课，精选法学资源网站进行链接；此外，依托学校网络中心和精品课程建设网站，构成立体化的网络教学互动平台，进行教学方法和教学手段改革，构建“分阶段”的实践教学体系。

本项目有学校的经费支持和政策保障，有东莞司法实务界的协助与参与，有法律与社会工作学院法学专业的较好的师资、实验室、实习基地建设基础；同时本项目也是我国中央政法委和教育部有关培养卓越法律人才计划的落实，是对东莞经济社会发展对应用型法律人才迫切需求的回应。相信本项目预期会取得良好的效果。地方卓越法律人才培养基地。

五、项目预期的成果和效果

本项目拟从 2014 年 6 月到 2018 年 6 月，共计四年时间完成首届“卓越法律人才”试点专业实验班的招生和培养。预定目标为学生培养质量达到重点院校法学专业的学生培养标准，50% 的学生通过司法考试或者是研究生入学考试；学生就业率大幅提高，学生培养质量有大幅提升，力争建设成为广东省地方卓越法律人才培养基地。

（一）本项目成果

（1）卓越法律人才教育培养计划试点方案；

（2）发表 5 篇教研论文；

（3）编写出版 1 部教材；

（4）完成主要课程大纲、实习方案、项目课程实施方案；

（5）完成研究报告——地方卓越法律人才培养机制创新的理论与实践。

（二）本项目的效果

检验本项目实施成果的主要指标是学生的司法考试通过率、考研通过率，以及学生的整体就业水平。因此该阶段主要是辅导和指导学生参与司法考试、研究生入学考试，落实毕业实习和毕业论文指导，指导学生就业，目标是司法考试通过率和考研通过率达到 50%，学生就业专业对口达到 90%，一次就业达到 100%。

第一阶段：2014 年 6 月至 2015 年 7 月，制订“东莞理工学院卓越法律人才教育培养方案”在新生中试点卓越法律人才教育培养方案。

第二阶段：2015 年 9 月至 2017 年 7 月，探讨学生培养管理办法、优化课程体系、实践教学环节、推进教学方法改革；完善培养过程设计和建设。

第三阶段：2017 年 9 月至 2018 年 9 月，检验试点成果，组织学生参加司法考试和研究生入学考试，落实职业老师制、落实实习改革和推进学生高水平就业。建设成为地方卓越法律人才培养基地。

（三）本项目的预期推广、应用范围、受益面

（1）从实验班推广到普通班。由于法学专业的实验班和普通班在学生管理、课程设置、实践教学、教学方法采取了不同的方式、方法，通过比较可以总结改革的效果，已决定进一步推广和改进的进程与策略。

（2）有益做法和成功经验推广到其他地方应用型高校法学院系。

（3）有益做法和成功经验推广到其他本校专业卓越人才的培养与实验。

（4）本项目的应用范围主要是其他地方应用型高校法学院系和地方高校的其他专业卓越人才的培养与实验。

（5）本项目的受益面首先是卓越班的学生，通过实验培养，大幅提升学生培养质量；其次是总结地方卓越法律人才培养机制创新，促进应用型人才培养模式改革和完善；最重要的是培养满足地方法治建设需要的合格的应用型、复合型法律人才，为地方经济和社会发展服务。

第五节

本培育项目已有或预期特色与创新之处

一、本项目已有或预期特色

（一）在培养机制上实行了高校—实务部门联合培养

目前东莞理工学院法律与社会工作学院已经与东莞市第一人民法院等多家司法实务部门签订了东莞理工学院与司法实务部门共同培养地方卓越法律人才协议书。已经聘请东莞市第二人民法院院长陈奎、广东赋诚律师事务所主任汤瑞刚等多名司法界知名人士担任卓越班实习顾问和兼职教师。已经实现巡回法庭进课堂。法学专业预期会聘请多名东莞司法实务界知名人士作为卓越班学生的职业导师，指导学生实习与就业。法学专业还会邀请司法实务界人士参与日常教学，开设具有特色的法律实务课。

（二）课程设置体现应用性、复合性、地方性和职业性

改革课程结构，课程设置体现应用性即重视实践教学、开设实务课程；课程设置体现复合性，打造“法律+经济”复合人才；课程设置体现地方性，根据东莞经济发展的特点，加大民商法、劳动法、国际经济法课程比重；课程设置体现职业性，设置了一些培养学生法律思维和职业伦理的课程。

（三）实行“双寻制”和“双班主任制”

实行“学业老师”+“管理导师”的“双导师制”和“专业班主任”+“实践教学班班主任”的“双班主任制”。已经选聘具有学生管理经验的沈亚萍老师作为专业班主任负责学生管理；选聘长期担任兼职律师的廖训强老师专门负责实践教学。选聘强昌文等15名具有副教授职称或者具有博士学位的专业导师担任学生的学业导师；准备从司法实务界选聘15名律师或者法官担任卓越班学生的职业导师。通过“双导师制”和“双班主任制”，强化导师对实验班学生专业与人格的双重引导。学生在专业课老师的指导下进行专业知识学习，在实务部门导师的指导下进行法律职业训练。通过复合指导的模式，促进法学教育与法律职业的有效衔接。

（四）探索精英教育，通过实验班方式培养卓越法律人才

卓越班与普通班分别制订人才培养方案。卓越班配置高水准的师资团队，学生实行择优培养、末位淘汰和选拔递补机制。推广小班教学和启发式、思辨式、案例式等教学模式。实验班推行精英化模式，其优势在于，能够在充分尊重人才自身的发展意向并考量相应能力的基础上，集中优势资源打造地方卓越法律人才。

（五）通过“第二课堂”强化学生法律专业素质和法律专业能力培养

高校第二课堂是大学生综合能力培养和锻炼的一个非常有效的平台。丰富和活跃“第二课堂”，可以不断提高学生的创新能力、实践能力。拟通过制订卓越法律人才综合素质培养实验方案，将零星的课外活动建构成一个全方位的素质教育的系列，加强对第二课堂活动的规范化和系统化管理。目前学生已经开展的活动包括辩论赛、读书会、学习法律经典征文比赛、模拟法庭、法律宣传、活动简报、参与教师科研。以上活动通过计划运作、专业教师参与、定期总结，实现第二课堂的规范化管理。

二、本项目的创新之处

1. “高校—实务部门”联合培养机制；
2. “双证书”（学历文凭证书和司法资格证书）制度；
3. “双导师制”管理体制；
4. “精英化”培养模式；
5. “双师型”教学团队；
6. 规范“第二课堂”；

7. 构建应用性、复合性、地方性课程结构；
8. 创立高校与行业、企业联合培养人才新机制。

第六节

项目进展情况

《教育部中央政法委员会关于实施卓越法律人才教育培养计划的若干意见》（教高〔2011〕10号）要求法学院系要探索“高校—实务部门联合培养”机制；《中共东莞市委关于深入贯彻党的十八届四中全会精神全面深化法治东莞建设的实施意见》提出，要根据法治东莞建设的需要，制订法律人才教育培养计划，创新法治人才培养机制，注重法学理论教育和实践结合，造就法治人才及后备力量。东莞理工学院法律与社会工作学院法学专业根据有关政策和东莞理工学院“十三五”发展规划的要求，积极探索和实施高校与地方和高校与法律实务界合作培养适应地方需要的应用型法律人才，初步建立了“高校—实务部门联合培养”机制，提高了法学毕业生与地方法治建设需要的适应度和契合度，实习生和毕业生深受用人单位欢迎。具体做法如下：

一、努力争取地方党委、人大、政府和司法机关对法学专业办学的全方位支持

政法委、人大、政府和司法机关有关领导进入专业指导委员会，指导和参与人才培养方案的制订和人才培养全过程。法学专业原来的专业指导委员会校外专家主要集中在法院和律师事务所，新成立的法学专业指导委员会成员包括了市政法委、市人大、市法制局等部门和单位的主要领导，从而使法学专业的办学获得东莞市地方党委、人大、政府、司法机关的全方位支持。法学专业定期召开专业指导委员会会议，专业指导委员会委员对人才培养方案提出意见和建议，这其中“卓越法律人才培养计划”实验班、法学（知识产权）辅修专业等培养计划中的很多课程设置都来自专业指导委员会的意见。与此同时，专业指导委员会成员还

以多种方式参与教学活动和教学改革活动，在法学专业建设中发挥了积极的作用。

二、建立“高校—地方”和“高校—行业”联合培养法律人才机制

法学专业通过与行业院所和地方市镇政府签订合作培养和全面共建协议的形式，充分利用地方和行业资源服务于法律专业人才培养。校地和校院所合作的内容包括人才培养、课题研究、地方服务、学生实习等方方面面，贯穿于法律人才培养全过程。

（1）法学专业在2014年分别和广东众达律师事务所、东莞市第二人民法院、广州市仲裁委员会东莞分会签订合作培养卓越法律人才人才协议。协议规定实务部门为东莞理工学院卓越法律人才实践教学基地；就卓越法律人才培养的相关事宜如师资队伍建设、课程设置、实习实训等提供决策咨询；为学生讲授实务课程；指导学生模拟开庭；定期举办法学名家讲座。东莞理工学院法学专业可以聘实务专家作为专业指导委员会委员，法学专业教师带领学生参与疑难案件和相关法律问题的论证研讨，共同开展横向课题研究等。2014年至今，校院所各方都认真落实了协议的内容，实现了双方互利共赢，目前各方又在协商新一轮的合作和共建。

（2）为强化提升人才培养实践教学环节的效果，增强服务地方法制建设的能力，培养出更能服务于地方法制建设需要的应用实践人才，法学专业又进一步探索出校地合作的新机制、新模式。法学专业通过精心筹划与东莞市一些镇街政府建立紧密的校地合作关系。双方在法治社会建设、基层政府管理创新、社会治理机制以及普法、平安东莞建设等领域，通过沙龙座谈、讲座培训、驻点顾问、专题调研、学生实践和基层法治化示范点建设等合作方式展开合作。2015—2017年法学专业陆续和道滘镇人民政府、横沥镇人民政府签订了全方位的校地合作协议。镇街政府根据合作事项分固定项目经费和专门项目经费予以了经费支持。目前法学专业正在与东城区政府协商建立校外实习基地建设、行业实践导师聘请、共同开设专业实践性课程，并就特定领域法律问题的深化研究、法政大讲堂资助等合作问题进行协商，校地联合培养法律人才机制有望进一步推进和落实。

三、校所合作、校地合作开发课程

地方和行业全过程参与学生培养不仅包括真实法庭进课堂，律师、法官为学生开办讲座等。近年各方合作最大的成绩是合作开发课程，从而实现地方和行业

对法律人才培养的深度参与和落实。从2013—2014下学年开始，法学专业启动了巡回法庭进课堂活动。东莞市中级人民法院、东莞市第一人民法院都在东莞理工学院的模拟法庭开过庭，东莞市第一人民法院院长陈斯、东莞市中级人民法院知识产权庭长程春华都亲自挂帅开过庭。近几年法学专业与实务部门合作陆续开出了经典案例判解、调解实务、地方立法实务等特色课程。和法学专业签订合作培养卓越法律人才的实务部门见表6-1所列。和法律与社会工作学院法学专业签订全面合作的地方和实务部门见表6-2所列。

表6-1　和法学专业签订合作培养卓越法律人才的实务部门一览表

序号	合作单位	签约年份	合作内容
1	东莞市第一人民法院	2014	实务部门为东莞理工学院卓越法律人才实践教学基地；就卓越法律人才培养的相关事宜如师资队伍建设、课程设置、实习实训等提供决策咨询；为学生讲授实务课程；指导学生模拟开庭；定期举办法学名家讲座
2	东莞市中级人民法院	2014	
3	广东众达律师事务所	2014	
	广州仲裁委员会东莞分会	—	

表6-2　和法律与社会工作学院法学专业签订全面合作的地方和实务部门一览表

序号	合作单位	签约年份	合作内容
1	道滘镇人民政府	2015	双方在法治社会建设、基层政府管理创新，社会治理机制以及普法、平安东莞建设等领域，通过沙龙座谈、讲座培训、驻点顾问、专题调研、学生实践和基层法治化示范点建设等合作方式展开合作
2	广东众达律师事务所	2015	
3	广东盈隆律师事务所	2016	
4	横沥镇人民政府	2017	

第七章

法治人才队伍建设现状与发展目标

东莞理工学院法律与社会工作学院法学专业是在原东莞理工学院政法系法学专科教育的基础上成立的，2003 年经教育部批准正式开始招收法学本科生，是东莞理工学院开设的首批本科专业之一。截至 2014 年 9 月，法学专业已经连续 12 年招生，招生总人数达 1874 人，在校学生为 687 人，毕业生总人数达 1267 人。毕业生就业趋势良好。2013 年就业率达到 100%。三分之一学生就业岗位为法律专业岗位，其余为政府机关、企事业单位等与法律相关的专业和职业。同时法学专业从 2014 年开始举办卓越法律人才培养实验班和知识产权（辅修）专业。同时东莞理工学院城市学院举办有法学本科专业，东莞理工学院一直举办成人法律教育。法学专业师资力量在广东省地方院校法学专业中位居前列，拥有一支结构良好的教师队伍。所有教师均毕业于国内外知名法律院系，多位老师受广东省和东莞市国家机关邀请参与立法、司法和政策咨询工作；有多名教师具有在美国、英国、意大利、中国香港特别行政区的海外（境外）访问、交流和学习经历。法学专业教师具有较高的学术水平和较强的科研能力，法律与社会工作学院是东莞理工学院二级学科重点建设单位；在首批学校认证的 16 个东莞理工学院校级科研团队中，法学专业占了 2 个。2013—2014 年度法学专业发表的高水平论文数量位居全校第一。法学专业教师连续获得 2013 东莞理工学院教学质量一等奖和 2014 青年教师讲课比赛一等奖。法学专业高度重视人才培养，强调学术研究与教学并重，科学研究服务于人才培养，人才培养服务于地方经济社会发展。目前法学专业有“二室”“三中心”，即法学教研室、知识产权辅修教研室、省级知识产权培训中心、社会治理研究中心、法治东莞协同创新研究中心。目前正在与东莞市政府、东莞市台商协会研究创建台商协同创新研究中心，与东莞市政府法制办研究创建东莞市地方立法研究中心，与东莞市妇联协商创建东莞市妇女儿童发展研究中心。法学专业高度重视学术交流与合作，聘请法学名家来校指导科研和教学工作，仅2014年1年，就聘请了国内顶尖学者张文显、梁慧星、葛洪义给教师学生辅导和开办讲座。目前法学专业正在朝着建设成为在省内有一定影响、在学校办学一流的培养地方法律人才的基地而努力。

第一节

法学专业法治人才队伍建设的成绩

一、加强理想信念教育，强化法治人才队伍思想政治建设

长期以来，东莞理工学院把思想政治建设摆在工作首位，加强理想信念教育，深入开展社会主义核心价值观和社会主义法治理念教育，坚持党的事业、人民利益、宪法法律至上，加强法治人才队伍建设，提升法治人才队伍专业水平和职业素养。创新法治人才培养机制，坚持用马克思主义法学思想和中国特色社会主义法治理论全方位占领本校法学教育和法学研究阵地，加强法学基础理论研究。坚持立德树人、德育为先的导向，推动中国特色社会主义法治理论进教材进课堂进头脑，培养熟悉和坚持中国特色社会主义法治体系的法治人才及后备力量。建设一支高素质学术带头人、骨干教师、专兼职教师队伍，打造一个政治立场坚定、理论功底深厚、熟悉中国国情的高水平法学家和专家团队。

二、加强法学学科专业建设

目前，东莞理工学院已将法学纳入第二批重点建设学科项目。法学专业在办学之初就把面向珠三角、扎根东莞、融入地方、为地方经济和社会发展培养高素质应用型法律人才作为己任。近年，学校通过举办卓越法律人才培养实验班和知识产权（辅修）专业，努力培养复合型人才、文理科交叉的应用型法律人才。在人才培养目标制定的科学性与合理性上不断进行改革和探索，不断努力培养珠三角区域经济建设社会发展适应度高、基础扎实、知识面宽、实践能力强、具有创新精神和国际视野的高素质应用型法律人才上下功夫。法学专业培养目标是培

养复合型、应用型法律人才。目前法学专业的本科法学教育包括普通班法学专业、“卓越法律人才培养”实验班以及知识产权（辅修）专业。

面向全校工科生开设法学（知识产权方向）辅修专业，探索文理交叉的复合型、应用型人才培养模式。2014 年起，法学专业率先在全院开设文理交叉的知识产权辅修专业。法学专业依托知识产权中心，充分利用法学专业知识产权方向教师的优厚资源，在 2014 年首届就招收 170 名学生，目前该辅修专业进展顺利，正在筹划第二期招生。

面向法学专业招收卓越法律人才班（每年招收 30 人，注重法律实践和知识的复合性）。为提升法学专业教育水平、法律人才的职业素养与竞争力，促进法学专业教育的整体优化，东莞理工学院法律与社会工作学院法学专业从 2014 年起面向新生进行二次选拔，设立“卓越法律人才”培养实验班，与东莞实务界共同培养地方卓越法律人才，落实“卓越法律人才培养计划”。实验班按照复合型、应用型人才培养模式改革的基本要求和内在规律，以“掌握扎实法律基础知识、具有熟练法律应用技能”为导向，与实务部门深度合作，共同确立培养目标，共同设计课程体系，共同开发优质教材，共同组织教学团队，共同建设实践基地，创新法律人才培养机制。在办学过程中，学院努力探索地方应用型大学培养地方应用型法律人才的机制，通过借鉴外部已有的培养模式和经验，利用法学专业良好办学基础，改革和创新法律人才培养模式，加强专业的应用性、复合型、地方性、特色性建设，培育专业优势，提高人才培养质量，提升专业服务地方经济社会发展的贡献度，推进法学专业综合改革，培养适应地方需要的高素质应用型法律人才。目前实验班改革探索工作顺利。

建立了专业建设指导委员会。为加强学院与社会的紧密结合，积极推进行业、企业和社会有关方面参与专业建设和管理的全过程，建立学院与社会合作共赢的新机制，培养适应地方社会发展和经济建设需要的高素质应用型人才，成立了专业建设指导委员会，来自企业和行业的校外委员占 60%。专业指导委员会成员以多种方式参与教学活动和教学改革活动。

三、承担为东莞地区培训知识产权人才的任务

目前有知识产权中心承担为东莞地区培养知识产权人才的任务。成立了知识产权促进中心，有广东省级知识产权培训基地和中国知识产权远程教育平台（广东省知识产权远程教育分平台）两个教学示范中心，均通过了省级验收。并且每年为省和市相关知识产权部门面向社会举办 5-8 期知识产权专项培训。

四、加强师资队伍建设，努力建设成为东莞法治人才的专家库

东莞理工学院法律与社会工作学院现任法学专任教师（法学人才库）见表7 -1 所列。

表7-1 东莞理工学院法律与社会工作学院现任法学专任教师（法学人才库）一览表

序号	姓名	性别	年龄	学历（学位）	职 称	所学专业	毕业院校
1	强昌文	男	50	研究生（博士）	教 授	法学理论	吉林大学
2	郑玉敏	女	50	研究生（博士）	教 授	法学理论	吉林大学
3	徐 波	男	54	研究生（硕士）	教 授	经济法	吉林大学
4	邓 斌	男	43	研究生（博士）	副教授	刑法学	吉林大学
5	韩中节	男	41	研究生（博士）	副教授	民商法学	西南政法大学
6	王 平	男	52	研究生（博士）	副教授	民商法	武汉大学
7	孙志超	男	35	研究生（博士）	副教授	法 学	香港城市大学
8	周立英	女	41	研究生（硕士）	副教授	诉讼法学	吉林大学
9	龚红兵	男	48	研究生（博士）	副教授	民商法	博洛尼亚大学
10	李文伟	女	48	研究生（硕士）	副教授	思想政治教育	中山大学
11	景春兰	女	46	研究生（硕士）	副教授	民商法	西南政法大学
12	王敬华	女	46	研究生（硕士）	副教授	民商法	武汉大学
13	李益民	男	60	本科（学士）	高级经济师	企业管理	齐齐哈尔轻工学院
14	沈亚萍	女	37	研究生（博士）	副教授	行政法	中国政法大学
15	夏能礼	男	40	研究生（博士）	讲 师	公共管理	清华大学
16	石 璠	女	35	研究生（博士）	讲 师	法制史	中国政法大学
17	罗兆婧	女	33	研究生（博士）	—	法 学	格拉斯哥大学
18	廖训强	男	51	本科（学士）	助理研究员	学校教育	西南师范学院
19	刘兵红	男	44	研究生（博士）	讲 师	民商法	西南政法大学
20	邓新龙	男	47	研究生（硕士）	讲 师	诉讼法	西南政法大学
21	陈 晨	女	35	研究生（硕士）	讲 师	民商法	北京大学
22	张建超	男	42	研究生（硕士）	工程师	知识产权	武汉大学

第二节

师风师德建设的措施及效果

一、法学专业师德师风建设

（1）对于教学投入充分、师德表现好的教师，优先给予推荐出国交流、参加学术会议的机会，并在专业建设经费使用中予以适当的劳务奖励；

（2）在向学校推荐年度先进个人、先进教育工作者、年度考核优秀时优先予以考虑推荐；

（3）在评审职称时优先向学校进行推荐。

通过采取上述措施，有效地扭转了教师教书育人的工作态度，对改进师德师风建设起到了一定的促进作用。

二、主讲教师队伍专业水平与教学能力

从总体方面看，法学专业教师平均教龄相对都较长，教学经验比较丰富，95%以上教师毕业于国内外名校且具有博士和硕士学位，截至 2016 年 8 月 30 日，具有国内外名校博士学位的教师比例已达至 55%，教师教育教学水平普遍较高。从每年度学生评教结果看，学生对专任教师都普遍地予以较高评价。

三、教师教书育人工作

在课外育人方面，于任课之外，许多教师都比较积极担任学生课外科技活动的指导教师和学生的学业导师，课外科技活动包括各种竞赛、创新创业训练项目、吸纳学生参与教师科研课题等。担负学生学业导师的教师不仅要负责指导学生学业成长，还要引导学生在其他方面的成长，尽力做到教书与育人的统一。从总体看，法社学院专业教师担任学生课外科技活动的指导教师比例均大于 60%。

四、教师履责与投入本科教学工作情况

在教师教学履责方面，专业教师均表现出了良好的职业风貌，教学责任心都比较强，绝大多数教师能做到在课前充分备课，课中认真讲授，课后能认真批改作业，从严治教，并经常在晚上课余时间参加学生的读书报告会、辩论赛等学生第二课堂活动，院长强昌文教授和法学专业负责人郑玉敏教授长期带领部分法学专业骨干年轻教师在课余时间指导学生的各类学业培养活动。

五、教学与科研关系协调

为使教学与科研形成良性互动的局面，鼓励教师将其科研成果以学术讲座的形式向师生进行宣讲，2015 年与道滘镇人民政府合作的创设的“法政大讲堂”项目，已在校内外进行了多场次的宣讲，每次举办讲座，法学教师将其所擅长的研究领域作为主题，目前已在校内外造成了一定的社会影响。同时法学专业在每学期进行排课时，一个原则是根据每个老师的研究所长进行相应的课程安排。另外，也鼓励教师尽力吸收学生参加其所主持的研究项目，其中夏能礼和郑玉敏老师已带有十余个学生参与其所主持的研究项目。

六、教师在专业、课程和教材建设方面的作用发挥

从总体上说，法社学院教师在参与专业、课程和教材建设方面都比较积极热心，教师主编多部教材，建设了 1 门省级精品课程和 6 门项目型课程。其中，法学专业全部教师参与了“模拟法庭”和“法学专业综合实训”两门项目型课程建设。

七、教师队伍建设与发展规划措施

在教师发展方面，法学专业专门制定了《师资队伍建设规划》，注重培养中青年学科带头人和中青年学术骨干教师，将青年教师培养与成长作为学院学术梯队建设的工作重心。同时，学院集中有限的资金，从物质上保障并鼓励教师到国内外名校进修和参加高层次学术交流，以提升专业教师的学科视野，努力从质和量两个方面努力提升师资队伍建设的水平。通过近三年在师资队伍建设方面的努力，目前法学专业初步形成了一支结构合理、适应学科专业发展需要的师资队伍。

八、教师成长帮助及效果

在促进教师成长特别是青年教师成长方面，法社学院采取了以下措施：

（1）邀请学术名家、教学名师或者校外专家到学院开设讲座，与教师进行专门交流，提高教师教学科研水平；

（2）鼓励教师出版学术专著、参与教材编著；

（3）支持教师参与各种形式的专业培训，提高业务水平；

（4）实行“老带新”和青年教师听课制度，提高青年教师的教学水平；

（5）“以赛促教”，组织院内青年教师讲课比赛，提高青年教师的讲课水平；

（6）大力支持青年教师进修、访学、参加学术会议、社会挂职锻炼。在青年教师教学水平提升方面，孙志超老师获得2013年东莞理工学院教学质量一等奖；沈亚萍老师获得2014年青年教师教学比赛一等奖；罗兆静老师2014—2015年学年度教学质量评价中获得法社学院第一名；石璠老师获得2015-2016学年度青年教师教学比赛三等奖；石璠和沈亚萍老师分别获2016年度省法学教育研究三等级和优秀奖。

第三节

法学专业法治人才队伍建设的目标

1. 继续为东莞地区培养合格法律人才。具体措施包括：第一，每年招收200名法学专业学生；第二，认真办好卓越法律人才班（试点），每年招收30人，为东莞输送高水平的法律人才；第三，认真开展法学辅修（知识产权方向），为东莞提供知识产权人才；第四，开展法学双学位教学，输送复合型法律人才。

2. 每年邀请杰出法学家和法律实务精英来学校做学术报告和学科论证。

3. 与司法部门联合培养法学学生，每年在学校模拟法庭举行真实案件的庭审2-3次，提高学生法治意识和法律思维水平。

4. 把法学学科建设成学校重点学科、把法学理论（二级）建设成广东省有影响力的学科。

5. 每年召开小型学术研讨会，主题主要为地方立法、地方法治与治理等。

6. 未来五年内，争取拿下法律硕士学位授予权，法学师资队伍达30人。

第八章
适应高水平应用型理工大学发展的法律人才培养平台建设

东莞理工学院以建设高水平应用型理工大学为目标，以智能制造技术与工程为主攻方向，因此，未来依托于学校的理工科背景及自然科学技术文化优势的法学专业就必然承担着为地方制造业发展提供法律人才保障的任务。在制造业发达，经济发展水平较高的珠三角地区，文理交叉、商法交叉的复合型法律人才、知识产权人才需求旺盛，随着该地区产业转型升级后对高层次人才的需求增强，具有理工背景的专业法律硕士也必然走俏。随着东莞理工学院办学定位与发展目标明晰，法学专业的人才培养体系特点凸显，即依托学校理工背景与学科优势，加强多学科交叉与渗透，形成复合型特色的法学本科、法学第二学位、知识产权辅修、具有理工背景的专业法律硕士培养体系，实现“商—法”“电—法”“工—法”等跨专业联合办学，成为广东省发展新兴交叉学科和应用型文科的示范基地。基于以上目标与任务，建设适应高水平应用型理工大学发展的法律人才培养平台势在必行。

第一节
法律人才培养平台建设的意义

一、适应建设高水平应用型理工大学后建立法学专业创新人才培养模式的需要

建设适应高水平应用型理工科大学发展的法律人才培养平台，是适应东莞理

工学院建设高水平应用型理工科大学后建立法学专业创新人才培养模式的需要，是法学专业实现为珠三角地区制造业发展和经济社会发展培养高素质、应用型法律人才目标的保障。法律人才培养平台的建设目的在于实现法学人才培养的产学研一体化。法学的产学研结合人才培养模式是一种通过司法实践、法学教学、法学科研紧密结合，实现人才培养目标的教育模式，其实质是以就业为导向，针对用人单位需要制订培养计划；以培养学生的综合职业能力和素质为核心，利用学校、司法实务机关、政府和企业等资源，实现法学教学与司法实践、法律服务与法学科研的紧密结合。通过实务部门对法学教学的参与、法学教师对实务工作的指导，学生在仿真及真实的环境中的训练，实现产学研的紧密结合，从而培养企业和地方需要的复合型、应用型人才。

二、培养多学科背景文理交叉的法律人才，符合世界范围内法律人才培养的一般规律

美国的法学教育是一种高起点、高层次的职业教育，学生都是获得学士学位（包括理学士等）的优秀大学毕业生，相当于研究生层次的职业教育。我国目前的法律硕士与其有相似之处。德国的法学教育主要集中在本科层次，但与司法研修、司法考试等环节紧密相扣，主要为学生参加司法研修和司法考试提供扎实的法学基础知识和基础理论方面的学习和训练。换句话说，法学教育包含基础知识学习和司法实务训练两个阶段——融合了本科层次的基础教育和相当于研究生层次的职业教育两种形式。同样，双学位教育是澳大利亚法学教育的主体，法律实践课占30%。此外，各国高校非常重视知识产权专门人才的培养，美国高校一般放在本科后进行，从非法学专业的本科以上学历人群中招生。从其培养机制看，大学对知识产权人才的培养目标非常明确，即高层次复合型知识产权专业人才。同样，日本将知识产权人才培养作为知识产权战略实施的关键。台北科技大学设立知识产权（智慧财产权）研究所，专门招收理工科背景的本科生进行研究生培养。可见，应用型和复合型法律人才是各国法律人才培养的共同选择。在知识经济时代，知识产权人才培养受到各国和地区的重视。

三、法律人才培养平台建设的形式与内容

法律人才培养平台建设的主要形式就是建立“高校与实务部门和高校与高校联合培养人才”机制。包括与东莞市第一和第二产业人民法院、广东众达律师事

务所、广州市仲裁委员会东莞分会联合培养卓越法律人才；与东莞市科技局、东莞市知识产权局联合培养知识产权法律人才，科技法律人才；与华南理工大学、暨南大学联合培养法律硕士（知识产权方向或民商法方向）；与东莞理工学院其他专业合作培养“商—法”“电—法”“工—法”复合型人才。具体内容包括：建立了学院与实务部门人员互聘制度，积极邀请实务部门有较高理论水平和丰富实践经验的专家到学校任教；鼓励支持学院教师到实务部门挂职；完善“学校-实务部门联合培养”模式，强化与实务部门的合作，重点培养应用型、复合型法律职业人才；探索“学校-地方政府共同培养”模式，加强与地方政府部门合作；探索“学校-学校联合培养”模式，实现资源共享、优势互补，努力建设一支专兼结合的法学师资队伍。

四、平台建设拟解决的关键问题

法律人才培养平台建设主要解决的问题，是法学人才培养与东莞及珠三角地区制造业发展和经济与社会发展需要的法律人才的适应度与契合度，以及在东莞理工学院高水平应用型理工大学建设过程中法学专业的地位与发展问题。首先，东莞地区企业众多，按照国际惯例，一般企业应按技术人员的4%比例设立知识产权人才，这就使得东莞企业的知识产权人才严重供不应求。近几年，我国企业知识产权遭遇的国际纠纷越来越多，如华为公司软件专利侵权、海信商标侵权等，但国内能够应对这些诉讼的知识产权高级人才却是屈指可数。事实证明，我国知识产权人才严重不足，知识产权人才结构也不尽合理，这对我国实施知识产权战略提出了严峻的挑战。近年来高新技术企业的胃口也越来越大，但招募过程中却很难寻觅到所需的高层次知识产权人才，这已影响到企业长远发展和未来核心竞争力的塑造。其次，东莞地区扩镇强市趋势明显，法律实务人才需求增强，由于东莞地区独特的人文、语言、文化。本地区生源的学生在就业中具有明显的优势。因此在相当长的时间内，法律实务人才在东莞都会有明显的需求。再次，东莞经济的高速发展使得东莞的经济纠纷异常活跃，东莞高层次、高素质、复合型法律人才短缺尤为严重，单一型的法律人才已很难适应市场需要，金融、房地产、知识产权、高科技开发等法律业务和涉外法律业务日益激增，学校培养复合型法律人才正在成为大势所趋。面对着东莞和珠三角地区对法律人才的需求以及需求的特殊性，单凭法学专业现有的力量、传统的办学模式已经很难满足，建立产学研一体化的“高校与实务部门和高校与高校联合培养人才”的机制和平台必要性明显。

第二节

法律人才培养平台建设的目标

一、平台建设的基础与目标、投入与产出

法学专业近年来一直以应用型、复合型法律人才培养为目标进行改革，在应用型人才培养模式方面取得了实质性进展，代表性教学改革成果包括举办卓越法律人才班和举办知识产权辅修专业。卓越法律人才班是按照复合型、应用型人才培养模式改革的基本要求和内在规律，以“掌握扎实法律基础知识、具有熟练法律应用技能”为导向，与实务部门深度合作，共同确立培养目标，共同设计课程体系，共同开发优质教材，共同组织教学团队，共同建设实践基地，创新法律人才培养机制。知识产权辅修专业面向全校二年级以上学生开设，主要目的在于拓宽非法学学生的法律知识面，培养具有社会主义法治理念和基本法律思维、基本掌握知识产权运用、管理和保护的相关法律知识的复合型和应用型知识产权人才，满足社会对复合型学科知识背景的知识产权服务人才的需求。法学专业与司法实务部门签订联合培养卓越法律人才协议，形成了稳定的合作模式；与华南理工大学、暨南大学建立了密切的合作关系，华南理工大学原院长葛洪义担任了法学专业学术委员会主任；与东莞市科技局密切相关合作，依托知识产权促进中心承担了为东莞地区培训知识产权人才的任务。有广东省级知识产权培训基地和中国知识产权远程教育平台（广东省知识产权远程教育分平台）两个教学示范中心，均通过了省级验收。以上工作为法律人才培养平台的建设奠定了良好的基础。

平台建设下一步的目标主要包括：第一，与合作方共同制订培养方案；第二，与合作方共同开发教材；第三，制订与实务部门的双聘计划。第四，建立校内实训基地。第五，完善校外实习基地建设。第六，建立专兼职教师队伍。具体实施目标：第一，继续探索卓越法律人才培养模式；第二，继续做好知识产权辅

修；第三，开办法学第二学位；第四，积极申办法律专业硕士。

预计到2020年，依托法学专业人才培养平台法学专业每年培养“商—法”复合的卓越法律人才30名，地方应用型法律人才160名，具有其他学科背景的知识产权辅修（专业）人才100名；培养法学第二学位的“电—法”“工—法”等具有理工科背景的复合型人才100名；培养具有理工科背景的专业法律硕士（知识产权方向或民商法方向）30人。每年面向社会为省和市相关知识产权部门举办5~8期知识产权专项培训，为东莞市培训律师等其他法律人才300名。依托法学专业人才培养平台成立研究中心5个，每年承担横向课题10项，经费达到100万元以上，为东莞市各部门完成调研或咨政报告10篇以上。每年聘请10名以上专家为教师和学生开办讲座，聘请10名以上实务人才为学生灵活兼课。每年参加高水平学术会议5次，承办高水平会议1次，发表高水平学术论文10篇。带领学生参加省级以上竞赛并获奖，50%学生通过司法考试。通过以上工作成绩并依托平台建设把法学专业建设成为广东省理工科大学中新兴交叉学科和应用型文科的示范基地。

二、平台建设所需资金及依据

平台建设周期为5年。每年经费预算为70万元。

主要包括：第一，专家咨询及讲座费，5万元/年；第二，调研及差旅费10万元/年；第三，教材开发费，5万元/年；第三，柔性专家引进费，10万元/年；第四，实习基地建设费，5万元/年；第四，兼职教师讲课费，5万元/年；第五，有关人员劳务及交通费，5万元/年；第六，研讨与会议费，5万元/年；第七，学生实习与参加学科竞赛费，5万元/年；第八，办公与设备费，15万元/年。

经费来源：第一，接受律师事务所、企业捐赠等占5%；第二，通过举办第二学位等收费占5%；第三，财政拨款占90%。

平台建设需引进的人才：第一，从事知识产权工作的高级人才2名；第二，环境法与资源保护法专业人才1名；第三，其他从事科技法或电子商务法专业人才1名；第四，从事税法等经济法或国际经济法专业人才1名。第五，柔性引进在全国有影响的法学专家1人。

随着东莞理工学院转变为理工大学，为适应学校的发展方向与定位指向，法学专业必须借鉴国际著名法学院的办学经验，确立了以长效发展、全球视野为支点，以规范化办学为基准，以发展高水平法学职业教育为取向的办学思路，依托学校的理工科及自然科学技术文化优势，旨在培养法学基础扎实、特色鲜明、应用能力强、兼具理工科背景、具备理解和运用法律法规能力的复合型法律人才，为我国法治事业服务。法律人才平台建设合作过程中应依托学校强势专业和理工科教学资源，强化学生法律职业伦理教育、强化学生法律实务技能培养。同时，借助社会资源提高学生运用法学与其他学科知识方法解决法律问题的能力，促进法学教育与法律职业的深度衔接，切实为珠三角地区制造业发展提供法律服务与法治人才保障。

第九章

地方理工科大学人才培养模式探索总结

第一节

法学专业建设优势专业情况总结

一、法学专业建设情况简介

法学专业的主要成果、特色和亮点如下：

1. 东莞理工法学专业学院在2014—2015学年全校专业评估中结果优秀，排名非工科专业第一。(莞工教〔2015〕57号)

2. 法学专业成为卓越法学人才培养计划试点专业（教高函〔2014〕97号)。

3. 共主持完成省部级项目19项，其中国家社科基金项目4项，国家自然科学基金1项，教育部人文社科项目5项，中国法学会部级项目1项。广东省哲学社会科学规划项目2项，民政部项目2项。

4. 共主持省级教改项目13项，其中广东省质量工程项目2项，专业综合改革1项，省级精品课1项，省级精品资源共享课1项。

5. 共获得各级奖励和荣誉42项，其中国家级奖励和荣誉2项，省部级奖励10项。

6. 地方院校应用型法律人才培养模式的创新与实践项目获得2015年东莞理工学院第七届教学成果奖一等奖。(莞工教〔2015〕43号)

7. 进行人才培养模式探索试验2项，包括卓越法律人才培养实验班和知识产权辅修专业。

8. 实习基地共16个，涵盖政府机关、公检法机构和律师事务所。其中3个为培养卓越法律人才合作单位，分别为广东众达律师事务所、东莞市第二人民法院、广州市仲裁委员会东莞分会

9. 专业教学平台（基地）共7个，其中省级教学平台4个。

10. 法学专业学生就业率接近100%，专业对口率达到70%以上；最近三年在校学生获得省级以上奖励6项8人次，司法考试通过率是全国平均通过率的3倍。

二、专业基本情况

法学本科专业2004年开始招生，目前在校生692人，2016年招生数为110人。目前法学专业除开办普通班外，还开办卓越法律人才实验班和法学（知识产权）辅修学位班，其中卓越法律人才培养实验班学生90人，法学（知识产权）辅修学位班学生127人（非法学专业学生）。

随着东莞理工学院从定位于培养适应地方经济和社会发展需要的应用型人才的地方院校到建设高水平理工科大学的发展历程，法学专业也历经了从定位于培养应用型法律人才到培养适应东莞需要的复合型、文理交叉的应用型人才的不断探索。法学专业成立以来特别是近三年充分利用学校建设高水平理工科大学的机遇，以培养适应地方需要的应用型、复合型人才为主线，进行了人才培养模式、课程体系、实践教学、教材建设、师资建设、教学方法等的全方位的改革。主要就是根据东莞理工学院的定位和东莞的社会发展、法治建设对法律人才的特殊需求，在法律人才培养的地方性、应用性和复合性三个方面进行了努力和创新。

（一）坚持法律人才培养的地方性，形成地方与高校协同培养法律人才机制

（1）努力争取地方党委、人大、政府、司法机关的全方位支持，政法委、人大、政府、司法机关有关领导进入专业指导委员会，指导和参与人才培养方案制定。

（2）和律师事务所、法院、仲裁机构签订合作培养人才协议和全方位合作协议。地方行业全过程参与学生培养，包括真实法庭进课堂，律师、法官为学生开办讲座和讲授专业课程。

（3）根据地方需求改革课程，配合地方的需要安排实习时间。形成常态化的学生实习安排和对接机制。

（4）法学教师在地方立法、地方法治发展研究、镇街依法行政指导中发挥重要作用，实现了法学教育、法学研究与地方法治建设的深度融合。

（二）贯彻法律人才培养的应用性，实现学生实践能力培养、实践性教学体系建立、实训课程改革、实训教材编写与集中实习环节落实一体推进

（1）总结凝练法学专业人才的核心能力是指运用法律概念、原理和规则发现法律事实和法律问题，并运用法律思维方式分析法律关系，处理法律问题的技术和能力。

（2）建立与学生职业能力培养相适应的实践教学体系，包括课内实训、综合实训、岗位认知、毕业实习、第二课堂等密切联系的实践教学体系。

（3）通过开设综合法学实训课程，实现训练学生司法考试技能与培养学生职业能力的一体化运作。

（4）落实集中实习环节，聘请行业人才担任职业导师。

（三）适应东莞法律人才的需要培养复合型法律人才和知识产权人才

（1）法学专业和经管专业协同培养。举办培养复合型法律人才的卓越法律人才培养实验班。

（2）法学专业与理工科专业协同培养，举办培养知识产权人才的辅修和双学位班。

法学专业在东莞理工学院2014—2015学年专业评估中结果为优秀，在全校非工科专业中排名第一。截至目前，法学专业教师共主持完成省部级科研项目19项、省级教改项目12项、获得各级奖励共42项、建设教学平台（基地）7个。2016年法学专业学生就业率达到99.32%，专业对口率为71.92%；最近三年在校学生获得省级以上奖励6项8人次，司法考试通过率达到全国平均通过率3倍。2016年法学专业教师完成的“地方院校应用型法律人才培养模式的创新与实践”获得东莞理工学院第七届教学成果奖一等奖，为非工科专业中唯一一个获得一等奖的教学成果。

三、经济社会需求

由于东莞特殊的地理位置，外向型的经济发展模式，超前的社会发展进程，特殊的行政架构，东莞对法律人才的需求一直保持旺盛的发展趋势，但现实情况中的法治人才特别是复合型法律人才短缺已经成为制约东莞法治进程和推进东莞企业进一步转型升级的主要瓶颈。

（一）东莞的法治政府和法治社会建设急需复合型、应用型法律人才

1. 东莞各类法治人才数量严重不足，高层次法律人才严重短缺

（1）立法人才无法满足立法需要，缺少专业性高层次立法人才。

（2）行政执法任务与执法力量不匹配。东莞实行市直管镇的特殊行政架构，人流物流资金高速流动，社会管理任务异常繁重，矛盾纠纷多发易发，导致行政

执法任务重、压力大，与行政执法力量的配备不相适应。科技局甚至不够三人执法的基本配置要求。

（3）法院案多人少的矛盾十分突出。面对繁重的工作任务，审判人员常年加班加点，身心疲惫，全部时间和精力都用于应付办案任务，影响了对其他工作的思考和创新。案多人少的矛盾已成为影响全市法院发展的瓶颈问题。

（4）基层司法人员难以满足基层治理法治化的要求。32 个司法分局共有 131 个编制，编制最多的是虎门司法分局和黄江司法分局，有 5 个编制，其他司法分局一般是 3 个或者 4 个编制。由于司法分局承担的职责越来越多，例如近年来开始的社区矫正工作，因此，司法分局人手不足的情况更加突出。

（5）市直各部门法制科室配备法律专业人才不足，法制业务开展范围存在较大的局限性。

（6）专业监督人员数量不足。东莞市审计局专职经济责任审计人员只有 10 人，无法实施经济责任审计全覆盖的要求；监察局只有 4 人负责监察监督，目前主要实施被动的通过举报实施监察。行政审判力量非常薄弱，两级法院的行政审判人员只有十几人，很难满足司法监督的需要。

2. 缺少审计、监察、工商管理、环保、住建、科技等复合型法律人才

随着形势的发展，对审计人员的素质提出更高的要求，特别是在计算机、工程、环保等方面审计人员的专业知识有待提高；科技局需要的是有科技和法律双重专业背景的人才；工商局需要的是有管理和法律双重专业背景的人才；环保局需要的是有环境和法律双重专业背景的人才，住建部门需要的是有建筑和法律双重专业背景的人才。对于这种复合型人才，每个职能部门都有这样的需求。

（二）东莞制造业的转型升级和优化需要大量知识产权人才

依据 2015 年 9 月广东省人民政府《关于贯彻落实〈中国制造 2025〉的实施意见》[①]（粤府〔2015〕89 号）的规定，广东省要加快推动制造业转型升级和优化发展，加快实现由制造大省向制造强省转变。根据意见要求东莞要“构建智能制造自主创新体系”，其中无论是机器人产业中的关键核心技术，还是智能化基础制造与成套装备的核心技术，以及智能电子制造成套设备、自动化生产线、新能源制造装备、先进交通高端装备等，都需要科技成果的转化和知识产权的保护。东莞地区企业众多，按照国际惯例，一般企业应按技术人员的 4% 比例设立

① 广东省：《关于贯彻落实〈中国制造 2025〉的实施意见》来源：中商情报网时间：2015/9/28，http：//www. askci. com/news/chanye/2015/09/28/1054236q2x. shtml

知识产权人才，这就使得东莞企业的知识产权人才严重供不应求。近几年东莞企业知识产权遭遇的国际纠纷越来越多，但东莞能够应对这些诉讼的知识产权高级人才却是屈指可数。东莞作为世界工厂，不断提高企业的知识产权创造、运用、管理和保护水平，是制造业发展的重要资源和竞争力的核心要素。因此培养“理工+法律”交叉的知识产权人才对东莞经济发展的重要的作用不断凸显。

法律人才培养中需要解决的主要问题是法学人才培养与东莞及珠三角地区制造业发展和经济与社会发展需要的法律人才的适应度与契合度，以及在东莞理工学院高水平应用型理工大学建设过程中法学专业的地位与发展问题。法学专业未来将把培养适应地方需要的应用型人才、“商—法”复合型人才以及“工—法”交叉的知识产权人才作为主要目标和任务。

四、办学条件

法学专业从2004年开办本科专业以来，经过十多年持续不断建设，至目前已积累了比较良好的办学条件，在师资队伍、专业实训室和产教融合平台建设方面都达到了较高的水平，在办学经费投入方面具有良好的保障。

（一）师资构成状况

法学专业现有教师29人，其中教授6人（1人为特聘教授），副教授13人，讲师10人，专任教师全部毕业于北京大学、清华大学、中国人民大学、中国政法大学、吉林大学、武汉大学、西南政法大学等国内名牌高校的法学院系，还有3人分别从意大利、英国、香港获得法学博士学位。法学专业还从东莞市相关司法机构、律师事务所以及政府机构中聘请了20多位具有较高法学专业学历且具有较丰富专业实践经验的校外行业专业人士担任本专业的兼职教师或实践导师，以强化本专业的专业实践教学环节，提升本专业的实践教学水平。法学专业专任教师情况见表9－1所列。法学专业外聘行业企业兼职教师情况见表9－2所列。法学专业教师学历结构、学位结构、职称结构、年龄结构见图9－1至9－4所示。

表9－1　法学专业专任教师情况一览表

序　号	姓　名	性　别	年　龄	学　位	职　称	所学专业	毕业院校	毕业院校层次
1	葛洪义	男	56	法学博士	教　授	法学理论	西北政法大学	省部共建
2	强昌文	男	51	法学博士	教　授	法学理论	吉林大学	985
3	郑玉敏	女	51	法学博士	教　授	法学理论	吉林大学	985

（续表）

序号	姓名	性别	年龄	学位	职称	所学专业	毕业院校	毕业院校层次
4	徐波	男	55	法学硕士	教授	经济法	吉林大学	985
5	汪辉勇	男	54	法学博士	教授	法哲学	湘潭大学	211
6	成伟	女	50	法学硕士	教授	思想政治	上海交通大学	985
7	邓斌	男	44	法学博士	副教授	刑法学	吉林大学	985
8	韩中节	男	42	法学博士	副教授	民商法学	西南政法大学	部市共建
9	王平	男	53	法学博士	副教授	民商法	武汉大学	985
10	孙志超	男	36	法学博士	副教授	经济法学	香港城市大学	海外名校
11	周立英	女	42	法学硕士	副教授	诉讼法学	吉林大学	985
12	龚红兵	男	49	法学博士	副教授	民商法	意大利博洛尼亚大学	海外名校
13	李文伟	女	49	法学硕士	副教授	知识产权法	中山大学	985
14	景春兰	女	47	法学硕士	副教授	民商法	西南政法大学	部市共建
15	王敬华	女	47	法学硕士	副教授	国际私法	武汉大学	985
16	沈亚萍	女	38	法学博士	副教授	民事诉讼法	中国政法大学	985
17	夏能礼	男	41	管理学博士/法学硕士	副教授	公共管理/国际经济法	清华大学	985
18	陈晨	女	36	法学硕士	副教授	民商法	北京大学	985
19	魏红征	男	38	在读博士	副教授	行政学	西北大学	211
20	石璠	女	36	法学博士	讲师	法制史	中国政法大学	985
21	罗兆婧	女	34	法学博士	讲师	经济法学	英国格拉斯哥大学	海外名校
22	廖训强	男	52	教育学学士	助研	学校教育	西南师范学院	985
23	刘兵红	男	45	法学博士	讲师	民商法	西南政法大学	部市共建
24	邓新龙	男	48	法学硕士	讲师	诉讼法	西南政法大学	部市共建
25	张建超	男	43	法学硕士	工程师	知识产权	武汉大学	985
26	黄广进	女	39	法学博士	讲师	刑法学	西南政法大学	部市共建
27	杨少星	男	37	政治学博士	讲师	政治学	吉林大学	985
28	刘小年	男	40	政治学博士	讲师	政治学	南京大学	985
29	吉海荣	女	40	法学硕士	讲师	刑法学	武汉大学	985

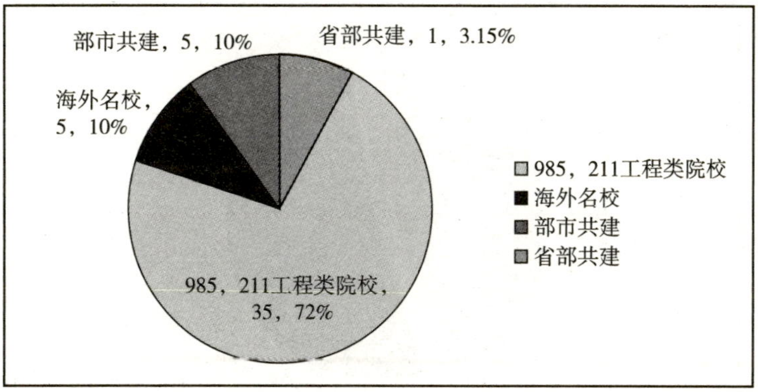

图9-1　法学专业教师学历结构图

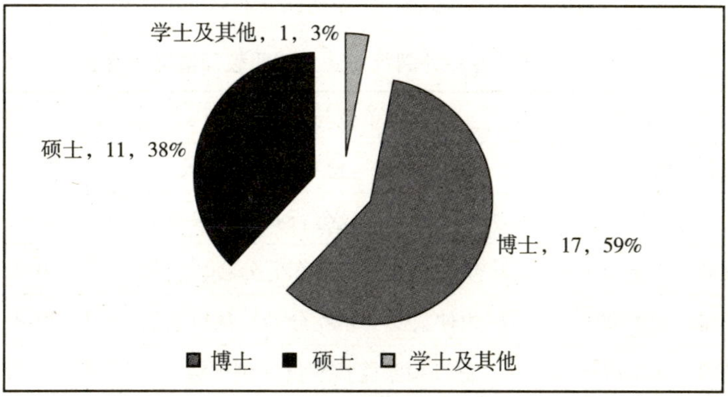

图9-2　专任教师学位结构图

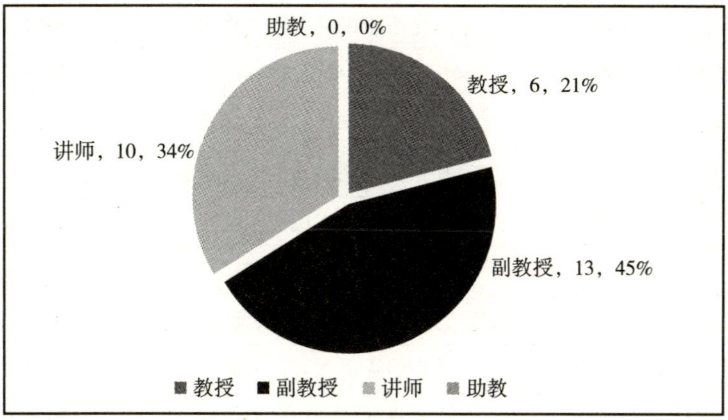

图9-3　专任教师职称结构图

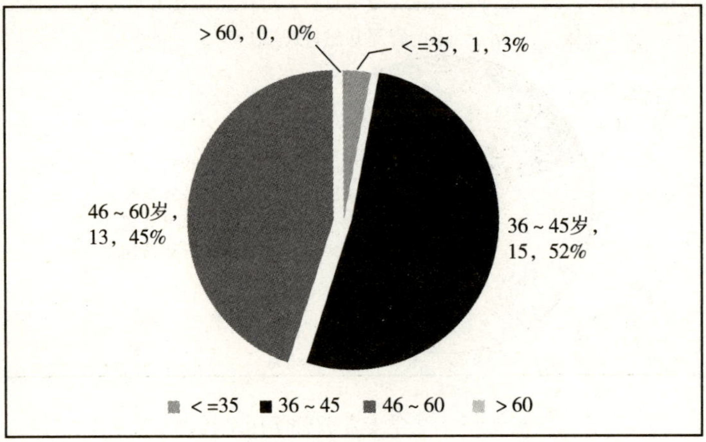

图9-4 专任教师年龄结构图（2015—2016）

表9-2 法学专业外聘行业企业兼职教师情况一览表

序 号	姓 名	学 位	单位与职务	聘任时间
1	余辉胜	法学硕士	东莞市第一检察院副检察长	2014.9—2017.9
2	马立云	法学硕士	广东法制盛邦（东莞分行）律师事务所主任	2014.9—2017.9
3	陈国辉	法学硕士	广州仲裁委员会（东莞分会）会长	2014.9—2017.9
4	李非淆	法学硕士	广州仲裁委（东莞分会）执行会长	2014.9—2017.9
5	余新喜	法学博士	深圳检察院检察员（副厅级）	2014.9—2017.9
6	范德繁	法学博士	深圳市委编制办综合处处长	2014.9—2017.9
7	陈锡稳	法学博士	东莞市横沥镇党委书记	2014.9—2017.9
8	杨朝琴	法学硕士	东莞市松山湖管委会委员	2014.9—2017.9
9	戴俊勇	法学硕士	东莞市第一人民法院副院长	2014.9—2017.9
10	吴美良	法学硕士	东莞市知识产权局副局长	2014.9—2017.9
11	程春华	法学博士	东莞中级人民法院新型审判庭庭长	2014.9—2017.9
12	陈 葵	法学硕士	东莞市第二人民法院院长	2014.9—2017.9
13	陈 斯	法学博士	东莞市第一人民法院院长	2014.9—2017.9
14	胡志伟	法学硕士	东莞市第一人民法院松山湖法庭庭长	2014.9—2017.9
15	柯晓玲	法学硕士	东莞市中级人民法院民三庭副庭长	2014.9—2017.9
16	周广荣	法学硕士	广东众达律师事务所主任	2014.9—2017.9

（续表）

序　号	姓　名	学　位	单位与职务	聘任时间
17	张敬智	法学硕士	广东历维永盛律师事务所主任	2014.9—2017.9
18	杨宗仁	法学博士	广州知识产权法院院长	2014.9—2017.9
19	汤瑞刚	法学硕士	广东赋诚律师事务所主任	2014.9—2017.9
20	陈锡康	法学硕士	广东陈梁永矩律师事务所主任	2014.9—2017.9
21	杨建成	法学硕士	广州南沙区人大常委会副主任	2014.9—2017.9
22	骆世明	法学硕士	广东闻彰律师事务所主任	2014.9—2017.9

（二）专业实训室建设情况

法学专业开设有模拟法庭、劳动法诊所两个专业实训室，并与社会专业共享社工实验室，以锻炼法学专业的学生的个案工作与协调沟通能力。模拟法庭除了模拟法庭课外，还开设法庭辩论课外活动、真实案件庭审进校园也可以由其他专业学生来选择旁听。劳动法诊所主要针对高年级法学专业学生，他们通常在老师带领下，开展一些企业劳动案件的分析活动，是企业和学校互动的一个主要平台。

社会工作实验室主要用于社会工作专业的学生，对于法律专业的学生来说，要成为法律人首先要成为社会人，所以开设了部分社会工作专业的选修课，社工实验室也在一定程度上对法律专业学生开放。法学专业实训室建设见表9-3所列。

表9-3　法学专业实训室建设一览表

实验室名称	面积（平方米）	总投资（万元）	开放程度
模拟法庭	350	100	面向法学专业学生
劳动法诊所	50	15	面向法学专业学生
社工实验室	400	210	部分选修课程面向法律专业学生

（三）教学实践基地和教学平台建设

法学专业积极进行校地合作，与相关校外单位共同建设产教融合平台，截至目前分别建设校外实习基地16个、教学平台7个。

1. 校外实践基地

截至2016年8月31日，法社学院法学专业共建设了16个校外专业实践教学基地。其中3个为培养卓越法律人才合作单位，分别为广东众达律师事务所、东莞市第二人民法院、广州市仲裁委员会东莞分会；东莞市中级人民法院、东莞市第一人民法院、东莞市第二人民法院、东莞市第三人民法院是法学专业学生的常年实践基地，东莞市地方两级法院共计有40余个专业法庭和派出法庭，从生均实践基地数量方面看，法学专业平均每5名学生就建有一个稳定的、管理规范且是条件良好的校外实践教学基地。法学专业校外实践教学基地建设情况见表9-4所列。

表9-4　法学专业校外实践教学基地建设情况一览表

序　号	基地名称
1	东莞市中级人民法院
2	广东君政律事事务所
3	广东海联泰达律师事务所
4	东莞市人民检察院
5	广州仲裁委员会
6	广州仁之仁律师事务所
7	东莞市第三市区人民检察院
8	东莞市第二市区人民检察院
9	东莞市第一市区人民检察院
10	东莞市第三人民法院
11	东莞市第二人民法院
12	东莞市第一人民法院
13	东莞市道滘镇政府
14	东莞市名道律师事务所
15	东莞市桥达律师事务所
16	广东众达律师事务所

2. 教学平台（基地）建设

法学专业共有7个教学平台，其中省级教学平台4个。其中东莞地方立法研究评估与咨询服务基地（简称立法基地）是东莞市人大常委会与东莞理工学院合作成立的服务型机构，具体由东莞理工学院法学专业来承办，常年由法学专业老师带领学生共同为地方立法开展工作，自2015年成立以来，开展的工作非常多，对学生的培养起到了很大的促进作用。

法学专业教学平台见表9-5所列。

表 9-5　法学专业教学平台一览表

序　号	教学平台名称	批准部门（合作单位）	批准年份
1	中国（东莞）知识产权维权援助中心东莞理工学院工作站	广东省知识产权局	2016
2	广东省社会工作人才培育中心	广东省民政厅、市民政局	2015
3	中国知识产权远程教育平台（广东省知识产权远程教育分平台）	广东省知识产权局	2014
4	知识产权培训基地	广东省知识产权局和省教育厅	2012
5	知识产权促进中心	东莞市科技局	2005
6	东莞市地方立法研究评估与咨询服务基地	东莞市人大常委会	2015
7	东莞市社会治理中心	东莞理工学院	2015

学生参与立法基地学习与训练情况见表 9-6 所列。

表 9-6　学生参与立法基地学习与训练情况表

学习训练内容	总参与人数	参与学生数	结　果
东莞城管综合执法条例的论证与起草	18	11	立法得到市人大通过、论证效果好
莞香立法调研	11	8	得到市人大法工委好评
东莞市饮用水水源水质条例的论证	8	6	论证工作完成
东莞水乡生态文明建设促进条例	20	13	论证工作完成
2017 年立法计划和 2017—2021 立法规划论证	22	15	正在进行
参与省立法论证工作达 8 次	11		—
参与市人大立法咨询等工作	32	8	—
学生驻守市人大法工委实习	2	2	—

（四）经费投入

法学专业获得教学经费投入见表 9-7 所列。

表 9-7　法学专业获得教学经费投入一览表　　（单位：万元）

年　度	教学业务和专业建设费	德育与团活动费	毕业实习费	专业实训室建设费	教学课题费	科研经费（含纵向和横向课题）
2012	11	7	11	60	14	70
2013	11	7	11	70	26	80
2014	12	8	12	65	33	180

（续表）

年　度	教学业务和专业建设费	德育与团活动费	毕业实习费	专业实训室建设费	教学课题费	科研经费（含纵向和横向课题）
2015	27	8	13	65	60	210
2016	27	8	13	65	50	277

除上述所投入费用外，2017 年，学校已预算决定在教学设备上投资 150 万元、在科研设备上投资 100 万元。

五、人才培养成效

法学专业经过十余年的建设与发展，人才培养成效渐显，已逐渐在地区层面获得了较高的社会声誉，受到了相关用人单位和毕业校友的肯定。

（一）毕业生就业率、专业对口率统计

由于东莞经济和社会发展对法律人才需求旺盛，法学专业学生全部都可以就业，专业对口率达到百分之七十左右。法学毕业生就业率调查见表 9－8 所列。

表 9－8　法学毕业生就业率调查统计表

序　号	就业年度	就业率（%）	专业对口率（%）
1	2012	99. 22	—
2	2013	100	
3	2014	99. 32	70. 91
4	2015	99. 13	70. 80
5	2016	99. 32	71. 92

（数据来源：学校统计）

从司法考试通过率方面看，法学专业学生在每年的司法考试中通过率都维持在一个较高的水平，是全国平均通过率的 3 倍。法学专业学生司法考试通过情况见表 9－9 所列。

表 9－9　法学专业学生司法考试通过情况统计（2012—2016）

年　份	毕业人数	通过司法考试人数	通过率（%）
2012 年	103	28	27. 18
2013 年	100	33	33. 00

（续表）

年　份	毕业人数	通过司法考试人数	通过率（%）
2014 年	167	40	23.95
2015 年	151	22	14.67
2016 年	158	47	29.75

从学生每年的考研情况看，法学专业学生最近几年有不少学生考上国内名校研究生，或被国外名校录取出国留学。法学专业学生考研情况见表 9－10 所列。

表 9－10　法学专业学生考研情况统计

序　号	年　份	报考人数	录取率（%）
1	2011	32	37.5
2	2012	26	30.76
2	2013	33	36.36
3	2014	40	30
4	2015	45	33.33
5	2016	52	30.76

（二）学生参加高层次竞赛获奖情况

最近几年，法学专业学生在参加高层次竞赛方面，获得了不错的而成绩，特别是在各种主题和各种层次的辩论赛中，法学专业学生发挥了专业的特长，充分展现了专业风貌。法学专业学生获省级以上奖励见表 9－11 所列。

表 9－11　法学专业学生获省级以上奖励

年　份	班　级	姓　名	项　目	颁奖单位
2013	2012 法学 2 班	钟冬妮	2013 年广东大中专学生志愿者暑期文化科技卫生“三下乡”社会实践活动优秀团队	中共广东省委宣传部等
2015	2012 法学 2 班	徐　琰	第二届“绿色青春”广东高校环保辩论赛冠军及四强最佳辩手	广东省环境保护厅
2015	2013 法学 2 班	池　翔	第二届“绿色青春”广东高校环保辩论赛冠军及决赛最佳辩手	广东省环境保护厅

（续表）

年　份	班　级	姓　名	项　目	颁奖单位
2015	2013 法学 3 班	郭家铄	第二届“绿色青春”广东高校环保辩论赛冠军及决赛最佳辩手	广东省环境保护厅
2015	2015 法律卓越班	李晓晴 刘　林	广东省“南粤长城杯”军事技能比赛暨军事会演三等奖	中共广东省委宣传部等
2016	2014 法学卓越班	罗槿萱 冯青诗	2016 年大学生勇闯天涯·挑战未登峰（广东赛区选拔赛）一等奖	深圳市定向运动协会

（三）毕业生平均薪酬

在毕业生平均薪酬方面，法学专业毕业生与地区平均工资相当，从纵向年度上看，毕业生平均工资呈现上升的趋势。法学专业学生毕业平均薪酬见表 9－12 所列。

表 9－12　法学专业学生毕业平均薪酬

年　份	最低薪酬（元/月）	最高薪酬（元/月）	平均薪酬（元/月）
2009	1800	7000	2857.77
2010	2200	6500	3059.95
2011	2500	7500	3298.6
2012	2000	8000	3377.52
2013	2000	7600	3777.45
2014	1800	7800	3745.32
2015	2000	7500	3784.19
2016	2500	7000	3872.11

六、专业发展趋势与规划

法学专业定位于培养适应东莞地方发展需要的应用型、复合型法律人才。未来，适应东莞理工学院建设高水平理工大学发展的需要，法学专业未来会把培养重点放在培养“商—法”复合型人才以及“工—法”交叉的知识产权人才方面，同时积极申请法学专业硕士学位授予权，努力把法学专业建设成为广东省理工科大学中新兴交叉学科和应用型文科的示范基地。预计到 2020 年，法学专业每年培养“商—法”复合的卓越法律人才30名，地方应用型法律人才80名，具有其他学科背景的知识产权辅修（专业）人才100名；争取培养具有理工科背景的专业法律硕士（知识产权方向或民商法方向）30人。每年面向社会为省和市相关知识产权部门举办5～8期知识产权专项培训，为东莞市培训律师等其他法律人才300名。

1. 师资队伍建设：引进和培养1～2名学科领军人才和5～8骨干教师，包括具备地方立法、司法丰富经验的实务人才以及企业法务和知识产权人才；积极与地方司法机构与律师事务所建立紧密专业合作关系，建立一支“双师型”专家队伍参与专业人才培养。

2. 科研团队建设：争取将法学专业的传统优势法学理论学科由学校重点学科建设成为省级重点学科；争取将知识产权法研究团队建设成为省级创新团队。

3. 根据人才培养定位设计法学专业人才培养体系，完善卓越法律人才培养试验班、申请知识产权本科专业、举办知识产权辅修专业和辅修双学位，努力创建特色企业法务学院；申请法学专业硕士学位点。

4. 根据法学人才培养目标地位，探讨改革课程、教学环节改革、教材编写、实习基地建设、教学方法改变等的途径和方法。建设省级精品课3门以上，校级特色课程、精品课程5门以上，努力进行课程群建设和精品教材建设，进一步完善实践教学环节。

5. 根据东莞和珠三角地区对法律人才的需求以及需求的特殊性，完善产学研一体化的“高校与实务部门和高校与高校联合培养人才”的机制和法学专业与其他专业协同培养机制。落实校地（镇）合作协议，实现法学专业与东莞法治建设和经济社会发展的深度融合。

东莞理工学院以建设高水平理工科大学为目标，以智能制造技术与工程为主攻方向，因此，未来依托于学校的理工科背景及自然科学技术文化优势的法学专业就必然承担着为地方制造业发展提供法律人才保障的任务。在制造业发达、经济发展水平较高的珠三角地区，文理交叉、商法交叉的复合型法律人才、知识产权人才需求旺盛，随着该地区产业转型升级后对高层次人才的需求不断增强，具有理工科背景的法律人才必然走俏。由此，随着东莞理工学院办学定位与发展目标的明晰，法学专业的人才培养模式也必须不断创新。法学专业将努力适应学校建设高水平理工科大学的需要，培养适应东莞经济和社会发展要求的高素质、应用型、复合型、创新型法律人才。

第二节

卓越法律人才试点专业进展总结（2016）

一、项目建设目标

（一）建设目标

卓越法律人才教育培养计划试点拟解决的关键问题是探索职业化法律人才培养机制和模式，解决当前法学教育当中理论与实践脱节的问题。从法学教育的职业化特色出发，卓越法律人才教育培养计划试点课程设置注重与实务部门的对接，广泛听取实务部门的意见和建议，按照实务部门的需求来制订人才培养方案。针对当前高等教育大众化的发展趋势，尝试探索精英人才教育途径。构建我校与法律实务部门的联合培养机制，打造“双师型”法学师资队伍，造就一批适应社会主义法治国家建设需要、服务地方经济建设的卓越法律职业人才。

建设目标是按照国家“卓越法律人才教育培养计划”的要求，探索地方应用型大学培养应用型法律人才的机制，通过借鉴外部已有的培养模式和经验，利用法学专业良好的办学基础，改革和创新我院法律人才培养模式，加强专业的应用性、复合性、地方性、特色性建设，培育专业优势，提高人才培养质量，提升专业服务地方经济社会发展的贡献度，推进法学专业综合改革，培养适应地方需要的高素质应用型法律人才。

第一阶段：2014 年 9 月—2015 年 7 月，制订“东莞理工学院卓越法律人才教育培养方案”在新生中试点卓越法律人才教育培养方案。

第二阶段：2015 年 9 月—2017 年 7 月，探讨学生培养管理办法、优化课程体系、实践教学环节、推进教学方法改革；完善培养过程设计和建设。

第三阶段：2017 年 9 月—2018 年 7 月，检验试点成果，组织学生参加司法考试和研究生入学考试，落实职业老师制、落实实习改革和推进学生高水平就业，建设成为地方卓越法律人才培养基地。

（二）指导原则

卓越法律人才培养计划是一个系统的工程，改革的关键在于以能力为中心设置课程，以课程建设带动教材、实习基地、师资队伍建设；改革的重心在于以学生为本，遵循教育教学规律，符合学生的身心发展规律；改革的目标指向为服务地方经济和社会发展需要。人才培养模式改革定位明确，导向清晰。

（1）根据东莞理工学院的定位——地方应用型大学，确定卓越法律人才计划目标是培养适应地方需要的应用型法律人才。学生就业的岗位群定位为以东莞为中心的辐射珠三角地区的包括法官、检察官、律师、法律顾问以及其他企事业单位从事法务工作的技能型、实务型人才。由于东莞以及珠三角地区经济发达，懂法律又懂管理和经济的复合型人才需求旺盛，因此，卓越法律人才模式改革确定以应用性、复合性、地方性为导向。

（2）科学界定专业人才的核心能力即职业能力。所谓职业能力，主要是指运用法律概念、原理和规则发现法律事实和法律问题，并运用法律思维方式分析法律关系，处理法律问题的技术和能力。为了培养这种技术和能力，必须实施实践性教学方法，训练学生在具体案件中学习法律、分析法律、解释法律和使用法律，使学生掌握找到法律和使用法律的方法，形成其法律职业能力。

（3）卓越法律人才整个培养过程就是学生职业能力的养成过程。无论是学生司法考试的准备还是学生的实习实训，都服务于训练学生分析法律解释法律和使用的法律能力。人才培养模式改革的重点之一就是帮助学生通过全国司法考试，包括通过改革教学方法、改革考试方法、改革教材编写等途径进行。

（4）根据卓越法律人才目标的应用性、复合性、地方性特点，改革课程，配置教学环节，编写教材、建设实习基地，建设教师队伍，改变教学方法，加强课程改革、教材建设和师资队伍建设等。

（5）课程改革遵循教育教学规律，通过法条的解析与运用、案例教学、情景式教学、模拟法庭等符合学生身心发展的规律，寓教于乐、通俗易懂、理论联系实际的教学方法的使用；通过针对性明显的法学综合实训，以及民法案例实践教学和卓越法律人才教学改革，充分体现以学生为本，促进法学教育健康、持续、协调发展的要求。

二、项目建设进展情况

（一）明确培养目标、培养规格和培养方式

1. 培养目标

培养具有较高的人文科学素养、宽广的国际视野、良好的法律职业道德，具备扎实系统的法学知识和较强的法律实务技能以及解决实际问题的能力，能适应

地方经济社会发展和多样化法律职业要求的应用型、复合型法律人才。

2. 培养标准

卓越法律人才培养标准包括基础素养、专业素养和职业素养三方面。基础素养要求学生具有较高的人文、社会科学素养、现代社会信息处理和分析能力，具有较强的沟通和交流能力、探索精神和创新能力、较为宽广的国际视野和国际交流能力。专业素养要求学生具备扎实的法学知识、法律实务工作技能、较强的法律思维能力和法学研究能力、创造性思维、批判性思维和独立判断的能力。职业素养要求学生具有正确的人生观、价值观、复合型知识结构和良好的法律职业道德。

3. 培养方式

（1）实行高校—实务部门联合培养机制。高校与实务部门共同确定培养目标、共同设计课程体系、共同开发优质教材、共同组织教学团队、共同建设实践基地。

（2）突出实践环节。实践课程占比不少于15%，开展分阶段实习，配备专职实习导师，对学生实习实行全过程跟踪管理和监督。

（3）建立良好的学生自主学习支持系统。通过师资保障和平台建设，为学生专业学习、专业实践和创新课题提供支持。

（4）实行双导师制和助教辅导制。强化导师对实验班学生专业与人格的双重引导。学生在专业课老师的指导下进行专业知识学习，在实务部门导师的指导下进行法律职业训练；通过复合指导的模式，促进法学教育与法律职业的有效衔接。

（5）在课程体系和教育模式上，实行小班授课，尽量采用启发式、论辩式、案例式教学方法来启发同学的思维。

（6）教学过程中卓越法律人才将试点“法律+经济”复合性课程设计和人才培养。

（二）形成校地合作培养新机制

1. 学校与地方实务部门签订联合培养卓越法律人才协议

与法学专业签订卓越法律人才联合培养协议的地方实务部门见表9－13所列。

表9－13　与法学专业签订卓越法律人才联合培养协议的地方实务部门一览表

序　号	单　位	负责人
1	东莞市第二人民法院	陈　葵
2	广州市仲裁委员会东莞分会	李非淆
3	广东众达律师事务所	周广荣

2. 实务部门参与卓越法律人才培养

通过签订合作协议，学校完善了实务部门参与卓越法律人才培养机制。

（1）合作宗旨：双方本着集成有用资源，培养实用技能强、能适应经济社会发展实际需要的法律应用型人才，提升在校学生的综合素质和实践能力，同时提升实务人才的法律修养。在实践中培养高水平法律应用型人才，以促进学校、实务和社会共同进步为目标，一致同意在“优势互补、资源共享、长期合作、共同发展”的基础上建立全面的校企合作关系，并达成合作协议。

（2）合作方式及内容：在国家政策规范下，东莞理工学院法律与社会工作学院与实务部门拟开展以下方面的合作：共建东莞理工学院法律与社会工作学院校外实习实践基地。法律与社会工作学院每年按照双方商定的名额及要求，安排学生前往实务部门进行实践实习；实务部门为卓越法律人才班开设实务课程。为培养更多具有良好专业知识、实际操作技能和职业态度的高素质、高技能的应用型人才，双方除共建校外实践基地以外，还共同开设相应的实务课程。众达律师事务所首次承担了2014级卓越法律人才班的“经典案例判解”课程，将有5名律师共同承担；实务部门优先接纳卓越法律人才班实习和毕业生就业

法律与社会工作学院承诺向实务部门推荐所需的人才，在同等条件下，实务部门承诺优先接纳卓越法律人才班的毕业生。

（三）完善师资队伍

在师资队伍建设中，特别注意实践教师和实务教师的培养与聘任

首先，从实务部门引进具有实践经验的教师，比如2015年引进了具有多年司法工作经验的黄广进博士担任卓越班刑法课程专任教师。其次，加强现任教师的双师型教师队伍建设。再次，聘任实务教师兼课。法学专业教师双师建设见表9-14所列。

表9-14　法学专业教师双师建设情况表

序　号	姓　名	职　称	教授课程	学　位	兼职律师	兼职仲裁员
1	强昌文	教　授		博士	律师	仲裁员
2	郑玉敏	教　授		博士	律师	仲裁员
3	李文伟	附教授		硕士	律师	仲裁员
4	王　平	副教授		博士	律师	仲裁员
5	邓　斌	副教授		博士	律师	仲裁员
6	韩中节	副教授		博士	律师	仲裁员
7	周立英	副教授		硕士	律师	

（续表）

序　号	姓　名	职　称	教授课程	学　位	兼职律师	兼职仲裁员
8	张建超	讲　师		硕士	律师	仲裁员
9	景春兰	副教授		硕士	律师	
10	龚红兵	副教授		博士	律师	仲裁员
11	孙志超	副教授		博士	律师	仲裁员
12	沈亚萍	讲　师		硕士	律师	仲裁员
13	李益民	副教授		学士	律师	
14	夏能礼	讲　师		硕士	律师	仲裁员
15	刘兵红	讲　师		硕士	律师	
16	邓新龙	讲　师		硕士	律师	
17	廖训强	讲　师		学士	律师	仲裁员
18	石　璠	讲　师		硕士	律师	
19	陈　晨	讲　师		硕士	律师	
20	罗兆静	讲　师		博士	律师	

外聘行业企业兼职教师名单及其承担教学任务情况见表 9－15 所列。

表 9－15　外聘行业企业兼职教师名单及其承担教学任务情况一览表

序　号	姓　名	职　称	来自的行业或企业名称	时　间	承担教学任务	教学工作量
1	程春华	—	东莞市中级人民法院庭长	2014—2015 第一学期	模拟法庭	3
2	陈　斯	—	东莞市第一人民法院院长	2014—2015 第一学期	模拟法庭	3
3	胡志伟	—	东莞市第一人民法院松山湖法庭庭长	2014—2015 第一学期	模拟法庭	3
4	柯晓玲	—	东莞市第一人民法院松山湖法庭庭长	2014—2015 第一学期	模拟法庭	3

外聘行业企业兼职教师名单（信息）见表9－16所列。

表9－16　外聘行业企业兼职教师名单（信息）一览表

序　号	姓　名	职称/学位	来自的行业或企业名称	聘任时间	承担任务
1	余辉胜	法学硕士	东莞市第一检察院副检察长	2014.9—2017.9	实习指导
2	马立云	法学硕士	广东法制盛邦（东莞分行）律师事务所主任	2014.9—2017.9	
3	陈国辉	法学硕士	广州仲裁委员会（东莞分会）会长	2014.9—2017.9	
4	李非淆	法学硕士	广州仲裁委（东莞分会）执行会长	2014.9—2017.9	
5	余新喜	法学博士	深圳检察院检察员（副厅级）	2014.9—2017.9	开办讲座
6	范德繁	法学博士	深圳市委编制办综合处处长	2014.9—2017.9	
7	陈锡稳	法学博士	东莞市横沥镇党委书记	2014.9—2017.9	
8	杨朝琴	法学硕士	东莞市松山湖管委会委员	2014.9—2017.9	
9	戴俊勇	法学硕士	东莞市第一人民法院副院长	2014.9—2017.9	
10	吴美良	法学硕士	东莞市知识产权局副局长	2014.9—2017.9	
11	程春华	法学博士	东莞中级人民法院知识产权审判庭庭长	22014.9—2017.9	参与授课
12	陈　葵	法学硕士	东莞市第二人民法院院长	2014.9—2017.9	
13	陈　斯	法学博士	东莞市第一人民法院院长	2014.9—2017.9	
14	胡志伟	法学硕士	东莞市第一人民法院松山湖法庭庭长	2014.9—2017.9	
15	柯晓玲	法学硕士	东莞市第一人民法院松山湖法庭庭长	2014.9—2017.9	
16	黄广进	法学博士	东莞市检查员研究室副主任	2014.9—2017.9	
17	周广荣	主任律师	广东众达律师事务所	2014.9—2017.9	
18	张敬智	主任律师	广东历维永盛律师事务所主任	2014.9—2017.9	
19	杨宗仁	法学博士	广州知识产权法院院长	2014.9—2017.9	
20	汤瑞刚	法学硕士	广东赋诚律师事务所主任	2014.9—2017.9	
21	陈锡康	法学硕士	广东陈梁永矩律师事务所主任	2014.9—2017.9	
22	杨建成	法学硕士	广州南沙区人大常委会副主任	2014.9—2017.9	
23	骆世明	法学硕士	广东闻彰律师事务所主任	2014.9—2017.9	

（四）完善课程体系，加强课程建设

1. 加强卓越法律人才班课程体系建设

卓越法律人才班课程见表 9－17 所列。

表 9－17　卓越法律人才班课程一览表

课程类别	课程性质	课程群	应修学分	课程名称（学分）	开课门数
通识课	必修	政治素质课	8	毛泽东思想和中国特色社会主义理论体系概论、当代西方哲学、形势与政策	3
		体育与健康课	10	军训、体育、体育达标测试、心理学、就业指导	5
		语言和计算机知识课	25	基础英语、英语口语、应用英语、实用英语写作、大学英语应用能力达标测试、大学计算机基础、多媒体技术与应用、信息资源检索、大学语文	9
法学专业课	必修	学科基础课	34.5	法学专业导论、法理学、宪法学、中国法制史、刑法学、民法学、民事诉讼法、刑事诉讼法、行政法与．行政诉讼法	9
		专业课	22	经济法学、商法学、国际法学、国际私法、国际经济法、知识产权法、劳动与社会保障法	8
专业拓展课	选修	经济学拓展	7	经济学原理、证券与投资、货币银行学	3
		管理学拓展	9	管理学原理、会计学原理、初级财务管理	3

（续表）

课程类别	课程性质	课程群	应修学分	课程名称（学分）	开课门数
法律实务课程	选修	职业道德	1	司法礼仪、法律职业规范	1
		法律思维	5	法律方法、法律论辩、法律文书写作、经典案例判解	3
		诉讼业务	6	证据法实务、审判与执行实务、检察实务、法庭审判模拟、律师事务	3
		诉讼业务	4	公证实务、仲裁实务、调解实务、	2
综合实践课	必修	综合应用课	25	司考技巧训练、法律经典阅读、岗位实践、毕业论文	4

2. 卓越法律人才班课程建设的具体要求

2015 年，郑玉敏教授主持申报的“面向卓越法律人才培养的民商事法课程群建设”获得学校经费支持立项，同时获得省级教改项目立项。

课程群改革与建设的目标：以专业培养目标为课程设置的方向，以能力培养为基础，促进精品课程的模块化建设。以 OBE 教育模式为导向推进课程改革，课程群的建设目标和内容都应体现 OBE 模式的基本要求。

（1）围绕卓越法律人才培养目标要求，为完善相应专业学生的知识、能力、素质结构，将相应专业培养方案中的知识、方法、问题等方面具有逻辑联系的若干课程重新规划、整合构建而成的有机的课程系统。

（2）构建以学生的培养为主线、以课程的逻辑联系为纽带、以教师团队合作为支撑、以质量效益为抓手、以深化教学改革为动力的课程建设模式。

（3）通过对相关课程教学内容规范化、教学手段的先进化和教学方法的多样化，从民事法学的基本理论到民商法在司法实践中的运用，从实体法的民商法理论到程序法的民事诉讼法，从民法之构成的民法总论、物权法、合同法等到民事特别法的商法，从理论讲解到案例教学，使得整个民商事法课程体系进一步完善，更具系统性。

（五）建立阶梯式实践教学体系

实践教学内容与体系见表9－18所列。

表9－18 实践教学内容与体系一览表

课程类别	课程名称	周数	学分	实践	开课学期及周数								开课单位
					1	2	3	4	5	6	7	8	
实践教学	军事训练与教育	2	2	2	2								其他单位
	法律经典阅读	5	5	5	1	1	1	1	1				法律与社会工作学院
	项目型课程和方法类课程	14	14	14						6	18		法律与社会工作学院
	岗位实习	5	5	5							5		法律与社会工作学院
	毕业论文	8	8	8								8	法律与社会工作学院
	岗位认知	2	2	2			2						法律与社会工作学院
	毕业实习	10	10	10							5	5	法律与社会工作学院
	课内实践		3										
合计		45	48	45	3	1	3	1	1		18	13	

2015年年末，2014级法学卓越班30名学生开始了岗位认知实习，实习单位是东莞市中级人民法院。

（六）通过第二课堂，助力学生职业能力培养

卓越班自成立以来，开展了大量和专业学习相关的实践活动。在这些活动中，学生们锻炼了组织和协调能力，取得了丰硕的成果。

1. 遴选学业导师。为增进师生交流，提高学生的学业水平，每一届卓越班组建之后，都要举行庄重的拜师仪式，每个老师定向指导一到两名学生，形成有效的沟通交流机制。

2. 定期举办法学经典读书会。以专业学习为中心，在老师指导下，每学期定期开展班级读书会。学生通过各类法学经典书籍的阅读和分享，加深对名著的理解和对法学基础理论知识的掌握。

3. 有计划地举办法治重点时事报告会。法学作为一个社会科学重要学科，和政治密不可分。因此在注重专业学习的同时，学院也适当引导学生关心国家重大法治建设事件，分别组织学生开展了新立法法学习报告会和党的十八届四中全会和及十八届五中全会有关法治建设内容的学习。为了加深对党的十八大和十八届五中全会精神的理解，学院组织演讲会，引起一片学术讨论热潮。

4. 坚持开班专业学术讲座。为培养卓越班学生的学术素养，我们积极聘请知名专家学者和精英法官举办专业学术讲座，让学生面对面地听取专家学者的学术讲座，积极交流，拓展学生学术研究视野。

5. 举行专业知识综合竞赛。阶段性开展学业知识竞赛，将上学期所学专业课知识通过这种方式进行复习，温故而知新。学习是一个不断重复的过程，通过举行学业知识竞赛的方式督促大家回归课本，在遗忘曲线上稳步前行，极大地促进了专业知识学习能力的提升。

6. 举办实践能力培养辩论赛。卓越法学培养除了具备深厚的法学理论知识，还需要有相应的语言表达技巧和逻辑严密的辩论能力。辩论赛和演讲比赛可以很好地促进这方面技能的提升。2014 级法学卓越班学生在入学伊始，就开展了两场辩论赛，学院组织全部同学积极加入辩论团队，很好地提高了逻辑思维和语言表达能力。

7. 与司法实务部门深度接触。学院组织学生参观东莞市第二人民法院，旁观民事案件庭审。活动目的：立足于实践，将课本中学到的知识与现实的司法状态紧紧地结合起来，实质意义上践行“读万卷书，走万里路”的箴言。

8. 学生自己编辑出版学术刊物。学生自我筹备，自我组稿，已出版两期班级法学专业学习期刊。在组稿和出版的过程中，同学们互相合作，既加深了对专业知识的理解，也加强了日常生活交流。一本本期刊，反映出法学卓越班学生勤思爱学的良好学习精神。

三、卓越法律人才培养试点专业阶段总结

（一）取得的阶段性成果及实施与推广情况

（1）制订和完善了卓越法律人才培养方案。

（2）明确学生的职业能力为找法和用法的能力。

（3）形成了培养学生职业能力的第二课堂，使法律辩论、专业知识综合竞

赛、编写法律刊物等活动制度化。

(4) 出版了论文集，由强昌文、郑玉敏主编的《稳中求变——法学教学改革论文集》(合肥工业大学出版社。2015 年 11 月出版)，其中包括多篇研究卓越法律人才培养的论文，例如强昌文的《论法学本科实践教学环节之完善》，郑玉敏的《论地方卓越法律人才的特征与培养》，景春兰的《基于卓越人才培养的法学课堂教学改革探索》等。

(5) 与本项目有关的省级教改项目立项包括：①地方卓越法律人才培养机制创新的理论与实践——2015 广东教育教学成果奖（高等教育）培育项目（第二类项目）立项；②面向卓越法律人才培养的民商事法课程群改革与建设——2015 年度省高等教育教学改革项目（综合类)。

(6) 与实务部门签订合作协议，实务部门参与教学。

(7) 建立了卓越班的淘汰机制与奖励机制。

(8) 建设了东莞理工学院卓越法律人才培养网站。

(9) “地方院校应用型法律人才培养模式的创新与实践”项目荣获东莞理工学院第七届教学成果奖一等奖。

本项目特色可以用一个面向、三个导向、四个创新来概括：

一个面向就是面向东莞地方需要；

三个导向就是以应用性、复合性、地方性为导向，进行课程设置和人才培养模式改革；

四个创新就是课程设置的创新，复合型、文理交叉人才培养的创新，学生职业能力表述的创新，培养机制的创新。

卓越法律人才培养计划取得了一定的成绩，获得东莞市政府、学生以及学校评估的评估专家的肯定。东莞市委把卓越法律人才培养计划的探索实践写进《中共东莞市委关于深入贯彻党的十八届四中全会精神全面深化法治东莞建设的实施意见》

（二）目前仍存在的问题与改进措施

本项目的实施还处于起步阶段，目前尚缺少的条件主要是与司法实务部门联合培养卓越法律人才协议的具体落实问题。根据东莞理工学院与东莞司法实务部门签订的协议，司法实务部门作为“东莞理工学院卓越法律人才实践教学基地”。法律与社会工作学院可以聘请东莞实务界人士作为专业指导委员会委员，就卓越法律人才培养的相关事宜如师资队伍建设、课程设置、实习实训等提供决策咨询；聘请法院院长及庭长为兼职教授，为学生讲授审判实务课程；邀请法官指导学生模拟开庭；定期举办法学名家讲座。但是由于法官、律师等的职业岗位特点，由某一律师或者法官单独承担某一门课程在时间上有困难，学院采取了与专任教师与实务界兼职教师共同承担一门课程；或者聘请实务界专家以讲座形式开课或者巡回法庭进课堂的方式落实实务部门参与教学，实务部门与高校签订联合培养法律人才的协议，目前已经与众达律师事务所签订协议，由其承担卓越法律人才班经典案例判解的教学工作。

本项目为培养复合型人才服务，开设了一些经济学和管理学课程，已经与相关院系达成一致，通过整合校内院系资源来实现这些专业拓展课程的教学。目前这些课程已经陆续开出。

第三节

卓越人才教育培养计划试点专业实验班人才培养工作实施报告（2017）

一、总体进展

卓越法律人才教育培养计划试点拟解决的关键问题是探索职业化法律人才培养机制和模式，解决当前法学教育当中理论与实践脱节的问题。从法学教育的职业化特色出发，卓越法律人才教育培养计划试点课程设置注重与实务部门的对接，广泛听取实务部门的意见和建议，按照实务部门的需求来制订人才培养方案。针对当前高等教育大众化的发展趋势，尝试探索精英人才教育机制。构建我校与法律实务部门的联合培养机制，打造“双师型”法学师资队伍，造就一批适应社会主义法治国家建设需要、服务地方经济建设的卓越法律职业人才。建设目标是按照国家“卓越法律人才教育培养计划”的要求，探索地方应用型大学培养应用型法律人才的机制，通过借鉴外部已有的培养模式和经验，利用法学专业良好办学基础，改革和创新我院法律人才培养模式，加强专业的应用性、复合型、地方性、特色性建设，培育专业优势，提高人才培养质量，提升专业服务地方经济社会发展的贡献度，推进法学专业综合改革，培养适应地方需要的高素质应用型法律人才。

卓越计划项目实施以来，进行了人才培养新体系构建，出版教研论文集两部，成果被学校推荐申报广东省教学成果奖，南方日报和南方都市报都有报道。

1. 卓越法律人才试点专业有健全的工作机制与保障机制。包括实行项目负责人制，学校每年为卓越法律人才试点专业拨付经费 10 万元，和行业、地方签订了合作培养卓越法律人才协议。

2. 在人才培养方面：结合学校的办学定位、办学特色，明确卓越法律人才培养目标是培养适应地方需要的应用型、复合型法律人才；不断完善人才培养方案；建立高校和实务部门联合培养人才机制。

3. 在教学改革方面：对人才培养体系进行了系统化和立体化构建；建立了培养学生法律思维和法律信仰的第二课堂体系；获得三项省级教学改革项目立项，建设省级校内教学基地知识产权促进中心

4. 教师队伍建设方面：建设了一支专兼职结合的教师队伍。

5. 卓越计划实施以来，学生获奖人数明显增加，出版了首届卓越班学生论文集《追求法治》。

目前卓越法学人才培养计划试点专业实施三年，共有 4 个年级 4 个班，学生总数 119 人，目前还没有毕业生。

卓越班与普通班的区别是：

1. 小班教学；

2. 有选拔和淘汰机制；

3. 有专职班主任和双导师；

4. 培养法律+经管复合实务人才，2017 级培养法律+经管复合律师人才；

卓越班的主要特色是：

1. 实务部门全过程参与培养；

2. 系统建设培养学生法律思维和法律信仰的第二课堂；

3. 落实分阶段实习。

二、政策措施

学校每年为实验班提供 10 万元经费保障，卓越班学生从当年录取的新生中进行面试，结合学业成绩的方式进行遴选。

1. 主要工作机制与保障机制

1. 项目负责人制；

2. 班主任制；

3. 双导师制；

4. 淘汰机制。

2. 校企合作

1. 签订合作培养卓越法律人才协议；

2. 行业专家参与教学计划的制订；

3. 校所合作廾发课程；

4. 行业专家参与授课；

5. 行业专家参与第二课堂。

三、人才培养机制改革

（一）法学专业探索建立高校和法律实务部门联合培养法律人才机制

《教育部中央政法委员会关于实施卓越法律人才教育培养计划的若干意见》（教高〔2011〕10 号）要求法学院系要探索“高校—实务部门联合培养”机制；《中共东莞市委关于深入贯彻党的十八届四中全会精神全面深化法治东莞建设的实施意见》提出，要根据法治东莞建设的需要，制订法律人才教育培养计划，创新法治人才培养机制，注重法学理论教育和实践结合，培造就法治人才及后备力量。东莞理工学院法律与社会工作学院法学专业根据有关政策和东莞理工学院“十三五”发展规划的要求，积极探索和实施高校与地方和高校与法律实务界合作共同培养适应地方需要的应用型法律人才，初步建立了“高校-实务部门联合培养”机制，提高了法学毕业生与地方法治建设需要的适应度和契合度，实习生和毕业生深受用人单位欢迎。，邀请企业行业专家参与人才培养方案的制订。具体做法如下：

1. 努力争取地方党委、人大、政府和司法机关对法学专业办学的全方位支持

政法委、人大、政府和司法机关有关领导进入专业指导委员会，指导和参与人才培养方案制订和人才培养全过程。法学专业原来的专业指导委员会校外专家主要集中在法院和律师事务所，新成立的法学专业指导委员会成员包括了市政法委、市人大、市法制局等部门和单位的主要领导，从而使法学专业的办学获得东莞市地方党委、人大、政府、司法机关的全方位支持。法学专业定期召开专业指导委员会会议，专业指导委员会委员对人才培养方案提出意见和建议，这其中

“卓越法律人才培养计划”实验班、法学（知识产权）辅修专业等培养计划中的很多课程设置都来自专业指导委员会的意见，与此同时，专业指导委员会成员还以多种方式参与教学活动和教学改革活动，在法学专业建设中发挥了积极的作用。

2. 建立“高校—地方”和“高校—行业”联合培养法律人才机制

法学专业通过与行业院所和地方市镇政府签订合作培养和全面共建协议的形式，充分利用地方和行业资源服务于法律专业人才培养。校地和校院所合作的内容包括人才培养、课题研究、地方服务、学生实习等方方面面，贯穿于法律人才培养全过程。

（1）法学专业在2014年分别和广东众达律师事务所、东莞市第二人民法院、广州市仲裁委员会东莞分会签订合作培养卓越法律人才人才协议。协议规定实务部门为东莞理工学院卓越法律人才实践教学基地；就卓越法律人才培养的相关事宜如师资队伍建设、课程设置、实习实训等提供决策咨询；为学生讲授实务课程；指导学生模拟开庭；定期举办法学名家讲座。东莞理工学院法学专业可以聘实务专家作为专业指导委员会委员，法学专业教师带领学生参与疑难案件和相关法律问题的论证研讨，共同开展横向课题研究等。2014年至今，校院所各方都认真落实了协议的内容，实现了双方互利共赢，目前各方又在协商新一轮的合作和共建。

（2）为强化提升人才培养实践教学环节的效果，增强服务地方法制建设的能力，培养出更能服务于地方法制建设需要的应用实践人才，法学专业又进一步探索出校地合作的新机制、新模式。法学专业通过精心筹划与东莞市一些镇街政府建立紧密的校地合作关系。双方在法治社会建设、基层政府管理创新，社会治理机制以及普法、平安东莞建设等领域，通过沙龙座谈、讲座培训、驻点顾问、专题调研、学生实践和基层法治化示范点建设等合作方式展开合作。2015——2017年法学专业陆续和道滘镇人民政府、横沥镇人民政府签订了全方位的校地合作协议。镇街政府根据合作事项分固定项目经费和专门项目经费予以了经费支持支持。目前法学专业正在与东城区政府协商建立校外实习基地建设、行业实践导师聘请、共同开设专业实践性课程，并就特定领域法律问题的深化研究、法政大讲堂资助等合作问题进行协商，校地联合培养法律人才机制有望进一步推进和落实。

3. 校所合作、校地合作开发课程

地方和行业全过程参与学生培养不仅包括真实法庭进课堂，律师、法官为学生开办讲座等。近年各方合作最大的成绩是合作开发课程，从而实现地方和行业对法律人才培养的深度参与和落实。从 2013—2014 年第二学期开始，法学专业启动了巡回法庭进课堂活动。东莞市中级人民法院、东莞市第一人民法院都在东莞理工学院的模拟法庭开过庭，东莞市第一人民法院院长陈斯、东莞市中级人民法院知识产权庭长程春华都亲自挂帅开过庭。近几年法学专业与实务部门合作陆续开出了经典案例判解、调解实务、地方立法实务等特色课程。

（二）培养适应地方需要的应用型、复合型法律人才

地方应用型高校主要承担着为地方培养应用型法律人才的任务。“卓越法律人才”顾名思义就是优秀的法律人才，而地方卓越法律人才除了具备一般卓越法律人才的基本特征外，还应该具备地方性的特征。所谓地方性就是符合地方经济和社会发展需要。我国地域广阔，不同地区的经济和社会发展程度差别巨大。沿海和内地对法律人才的业务能力需求不完全相同，改革开放地区、经济发达地区、社会矛盾突出的地区，工业化程度较高的地区、少数民族地区、讲方言地区以及地方习惯和民族习惯较多的地区，每个不同特点的地区都需要符合地方需要的卓越法律人才。

地方卓越法律人的特征要求地方高校法学专业应探索出一条面向社会、面向未来、体现应用、体现符合，突出法律职业法务能力训练，突出地方发展特色，由地方高校协同地方司法部门共同培养的新的人才培养路径，这将是地方性高校法学教育的生存与发展之道。

卓越法律人才的卓越性需要精英教育模式。目前我国地方的高等教育逐渐走向大众化，但培养精英人才与地方法学教育大众化并不矛盾。法学院培养的人才要能够熟练掌握法律知识、掌握处理各种社会和法律问题的能力。这本身就是社会需要的精英人才。但法律人才培养必须坚持以大众教育为主、兼顾精英教育的理念。

地方高校法学专业改革可以以举办地方“卓越法律人才”实验班为契机，探索地方应用型法律人才的培养路径。卓越法律人才的培养过程应该注重以下几个方面：

第一，实行高校—实务部门联合培养机制。高校与实务部门共同确定培养目标、共同设计课程体系、共同开发优质教材、共同组织教学团队、共同建设实践基地。

第二，突出实践环节。实践课程占比不少于 15%，开展分阶段实习，配备专职实习导师，对学生实习实行全过程跟踪管理和监督。

第三、强化导师对实验班学生专业与人格的双重引导。学生在专业课老师的指导下进行专业知识学习，在实务部门导师的指导下进行法律职业训练。

第四，重视课程改革。针对培养应用型和复合型法律人才的要求，学院一方面尝试开设法律适用、法律推理、法律谈判、经典案例评析、庭审技巧、调解实务、文书写作、律师实务等技能型课程；另一方面开设一些经管财经类课程，再次重视具有地方特色课程的开发，比如改革开放地区的课程设置应体现国际视野，培养的人才既熟悉基础知识，又懂得专业知识；既熟悉国内法律法规，又熟悉国际法律知识以及国际经贸、外语等方面的知识，以适应改革开放地区对涉外法律人才的需求。同时，这些地区的地方高校应重视民商法课程的教学。

第五，加强“双师型”教师队伍建设。高校可以聘请实践经验丰富的法务人员为实践指导老师，安排相应的法律实务课程讲座；同时，也可以通过教师兼职、挂职等方式丰富其实践教学能力。

第六，改革教学评价与考核体系。考试内容以客观题、案例题为主，主要考核学生理解和运用法律、法规的能力，同时尽量与专业资格考试内容接轨，培养学生的职业能力。

(三) 地方卓越法律人才培养计划的创新与改革

1. 创新培养过程

1. 高校—实务部门联合培养；

2. 积极推行“双证书”（学历文凭证书和司法资格证书）制度；

3. 增加实践教学，改善实践教学条件，创新实践教学模式；

4. 采用案例式和模拟式等多元化的教学方式，引导学生自主学习；

5. 通过“专兼聘”结合的方法，建设“双师型”教学团队。建立常态化、规范化的与法律实务部门人员互聘制度，继续积极聘请法律实务部门有较高理论水平和丰富实践经验的专家到我校任教，大力支持我校教师到法律实务部门挂职，使校内教师与兼职教师相互配合、相互促进，努力建设一支专兼结合的高水平法学师资队伍。

6. 瞄准专业发展前沿，面向东莞经济社会发展需求，更新完善教学内容。

7. 双导师制联合指导，建立用人单位、教师、学生共同参与的评价机制。

8. 改革学习考核方式，突出考查学生分析问题和解决问题的能力。

2. 创新课程体系

地方卓越法律人才培养的课程应对应卓越法律人才的知识、素质、能力结构，设置应该体现应用性、复合性和地方性特征

（1）通识课应主要包括政治素质课、体育与健康课和语言与计算机知识课，主要服务于地方卓越法律人才的基本素质的培养。

政治素质课包括：毛泽东思想和中国特色社会主义理论体系概论、当代西方哲学、形势与政策等。

体育与健康课包括：军训、体育、体育达标测试、心理学、就业指导等。

语言和计算机知识课包括：基础英语、英语口语、应用英语、实用英语写作、大学英语应用能力达标测试、大学计算机基础、多媒体技术与应用、信息资源检索、大学语文等。

（2）法学专业课包括学科基础课和专业课，专业课应主要考虑地方需要，强化专业方向特点。

学科基础课包括：法学专业导论、法理学、宪法学、中国法制史、刑法学、民法学、民事诉讼法、刑事诉讼法、行政法与行政诉讼法等。

专业课主要考虑地方法律人才需要，比如经济发达地区要加大经济类、改革开放类、知识产权保护和劳资纠纷解决方面的法律比重，一般主要包括：经济法学、商法学、国际法学、国际私法、国际经济法、知识产权法、劳动与社会保障法等

（3）专业拓展课主要是体现复合型特点的课，如果是培养法律+经济方面的人才，那么专业拓展课应主要包括：经济学原理、证券与投资、货币银行学；管理学原理、会计学原理、初级财务管理等。

（4）法律实务课应主要体现课程的应用性特点，包括以下几类：

一是职业道德的司法礼仪、法律职业规范。

二是法律思维类的法律方法、法律论辩、法律文书写作、经典案例判解。

三是诉讼业务类的证据法实务、审判与执行实务、检察实务、法庭审判模拟、律师事务。

四是非诉讼业务类的公证实务、仲裁实务、调解实务。

五是法律实务课部分分不同的实务岗位分类设置，学生可根据拟从事的岗位方向进行选修。

（5）综合实践课主要是综合训练和实训实习课程。主要服务于学生参加司法考试和熟悉岗位工作情况。包括综合应用课和综合实践课两部分。

综合应用课包括司法考试技巧训练、法律经典阅读、岗位实践、毕业论文。这部分主要是课程的综合学习和训练。

综合实践课包括岗位认知和毕业实习。学生通过分阶段实习培养岗位工作

能力。

地方卓越法律人才的培养是一个综合的系统工程，根据卓越法律人才的特点应采用试验班的方式进行探索实验；地方卓越法律人才的课程设置应体现地方性、应用性和复合型特点；地方卓越法律人才的培养必须依托地方实务部门，实行高校与实务部门联合培养；地方卓越法律人才培养过程中的教材建设、双师队伍建设也非常重要。目前很多高校正在探索地方卓越法律人才培养的机制和特点，努力培养适应中国法制建设的地方卓越法律人才。

（四）积极推进教学改革

依托本项目，获得3项省级教学改革项目立项（见表9－19所列）。

表9－19　省级教学改革项目一览表

序　号	名　称	负责人	年　份	项目类型
1	面向卓越法律人才培养的民商事法课程群改革与建设	郑玉敏	2015	广东省高等教育教学改革项目（本科类）综合教改项目
2	地方卓越法律人才培养机制创新的理论与实践。	郑玉敏	2015	2014年度广东省教育教学成果奖培育项目
3	地方理工科大学法学专业培养创新研究	郑玉敏	2016	2016年广东高校省级重点平台和重大科研项目

1. 构建立体化课程体系和模块

根据应用型法律人才的职业能力和培养东莞地方法律人才的需要构建立体化课程体系和模块。

（1）明确培养人才的就业岗位。根据东莞理工学院的定位——地方应用型大学，确定法学专业的人才目标是培养适应地方需要的应用型法律人才。学生就业的岗位群定位为以东莞为中心的辐射珠三角地区的包括法官、检察官、律师、法律顾问以及其他企事业单位从事法务工作的技能型、实务型人才。由于东莞以及珠三角地区经济发达，因此懂法律又懂管理和经济的复合型人才需求旺盛。因此确定以应用性、复合性、地方性为导向重构法律人才培养新体系。

（2）科学界定专业人才的核心能力即职业能力。所谓职业能力，主要是指运用法律概念、原理和规则发现法律事实和法律问题，并运用法律思维方式分析法律关系，处理法律问题的技术和能力。职业能力养成就是如何让学生在具体案件中学习法律、分析法律、解释法律和使用法律。法学专业的整个培养过程就是学生职业能力的养成过程。为了培养这种技术和能力，必须设置相应的课程体系和实践教学体系。实施实践性教学方法，训练学生在具体案件中学习法律、分析法律、解释法律和使用法律，使学生掌握找到法律和使用法律的方法。

（3）根据学生职业能力培养需要设置课程体系。首先在传统的理论课程之外设置应用型课程模块；卓越法律人才培养实验班增加开设经管类课程；在法学（知识产权方向）辅修学位班开设一半的知识产权实务课程。形成传统的理论课教学模块、现在的应用型课程模块、经管类课程模块和知识产权法学四位一体的立体化课程模块，服务于多元化的创新法律人才培养。

（4）校所合作开发课程。适应地方法治建设对法律人才需要开发校所合作课程：包括模拟法庭、经典案例判解、地方立法实务、调解实务等。

2. 卓越法律人才班课程建设方案

2015 年，郑玉敏教授主持申报的“面向卓越法律人才培养的民商事法课程群建设”获得学校经费支持立项，同时获得省级教改项目立项。

课程群改革与建设的目标：以专业培养目标为课程设置的方向，以能力培养为基础，促进精品课程的模块化建设。以 OBE 教育模式为导向推进课程改革，课程群的建设目标和内容都应体现 OBE 模式的基本要求。

（1）围绕卓越法律人才培养目标要求，为完善相应专业学生的知识、能力、素质结构，将相应专业培养方案中的知识、方法、问题等方面具有逻辑联系的若干课程重新规划、整合构建而成的有机的课程系统。

（2）以学生的培养为主线、以课程的逻辑联系为纽带、以教师团队合作为支撑、以质量效益为抓手、以深化教学改革为动力的课程建设模式。

（3）通过对相关课程教学内容规范化、教学手段的先进化和教学方法的多样化，从民事法学的基本理论到民商法在司法实践中的运用，从实体法的民商法理论到程序法的民事诉讼法，从民法之构成的民法总论、物权法、合同法等到民事特别法的商法，从理论讲解到案例教学，使得整个民商事法课程体系进一步完善，更具系统性。

3. 根据学生职业能力的形成过程构建三位一体的立体化、阶梯式实践教学体系

（1）应用型法律人才培养的核心是职业能力的培养，而传统的学科教育培养体系中以单一的毕业实习为主的实践教学模式，无法涵盖学生职业能力形成的全过程。因此必须转变为立体化、阶梯式实践教学体系。

（2）所谓立体化、阶梯化实践教学体系，是指从横向讲实践教学与体系包

括实训、实习、第二课堂三个部分，而实训包括课内实训、专门的实训课程、综合性实训环节三个部分；实习包括岗位认知、岗位实习、毕业实三个环节；而第二课堂有包括专业教师指导的专业活动，实务部门指导的实习以及学生独立开展的法律宣传、模拟法庭三个环节，每个环节内部都是从低到高、从简单到复杂的循序渐进地培养学生能力和学生能力养成的过程。

（3）近年法学专业重点落实了实践教学环节，实行统一管理的集中实习，切实把每个实践环节做实。

4. 建立培养学生法律思维和法律信仰与学生创新能力的第二课堂

传统的高校专业自身单一封闭的培养人才途径，不仅造成了人才培养与地方需要的脱节，更是割裂的第一课堂和第二课堂的有机联系。学生分散、目标不明确的课外活动不能发挥第二课堂作为第一课堂延伸的功能，不利于学生专业素质的养成。法学专业在构建创新人才培养体系的过程中，把构建培育学生法治思维和法治信仰的第二课堂体系作为其中的重要组成部分。通过有组织、有目标的系统化的第二课堂延续第一课堂的专业学习和训练。

（1）明确第二课堂的目标为培养学生法律思维和法律信仰。法学院系培养的法律人才能够真正适合地方法治建设的需要，不仅仅需要法学毕业生有较强的分析和运用法律、法规的能力，还需要学生有专业的法律思维、坚定的法律信仰。而培养学生法律思维、树立学生法律信仰，不是仅仅依靠日常的课堂教学能够实现的，东莞理工学院法学专业在法学专业综合改革中把建立法律人才素质培养第二课堂体系作为其重要组成部分。

（2）第二课堂的设计和活动安排密切结合地方的法治实践，在普法用法中培育学生的法治思维和法治信仰。作为一所地方院校，东莞理工学院法学专业注重在日常的课外专业活动中，在学生配合地方法治建设的专业实践中，在学生参与教师地方法治研究的课题研究中等让学生深度了解地方法治建设的实际，培育学生的法治思维和法治信仰。

（3）第二课堂体系的建立需要充分发挥各方力量的合力。建立培育学生法治思维和法治信仰的第二课堂体系。在这个过程中学生主体作用的发挥、专业教师的主导、学生工作部门的组织以及地方实务界的和法学名流的参与都发挥了重要作用。

（4）实现学生社团活动与第二课堂体系建设的一体化推动。学生组成的社团和社团活动都与学法用法普法有关。向法学会、法律志愿者宣传队、先后创办过《法智》《法律萌芽》等专业刊物，并定期出版。

四、实务部门参与卓越法律人才培养

通过签订合作协议，学校完善了实务部门参与卓越法律人才培养机制。

（一）合作宗旨

双方本着集成有用资源，培养实用技能强、能适应经济社会发展实际需要的法律应用型人才，提升在校学生的综合素质和实践能力，同时为提升实务人才的法律修养。在实践中培养高水平法律应用型人才，促进学校、实务和社会共同进步为目标，一致同意在“优势互补、资源共享、长期合作、共同发展”的基础上建立全面的校企合作关系，并达成合作协议。

（二）合作方式及内容

在国家政策规范下，东莞理工学院法律与社会工作学院与实务部门拟开展以下方面的合作：共建东莞市理工学院法律与社会工作学院校外实习实践基地。

法律与社会工作学院每年按照双方商定的名额及要求，安排学生前往实务部门进行实践实习；实务部门为卓越法律人才班开设实务课程。为培养更多具有良好专业知识、实际操作技能和职业态度的高素质、高技能的应用型人才，双方除共建校外实践基地以外，还共同开设相应的实务课程。众达律师事务所首次承担了 2014 级卓越法律人才班的“经典案例判解”课程，将有 5 名律师共同承担；实务部门优先接纳卓越法律人才班实习和毕业生就业。

法律与社会工作学院承诺向实务部门推荐所需的人才，在同等条件下，实务部门承诺优先接纳卓越法律人才班的毕业生。

（三）力争取地方党委、人大、政府和司法机关对法学专业办学的全方位支持

政法委、人大、政府和司法机关有关领导进入专业指导委员会，指导和参与人才培养方案制定和人才培养全过程。法学专业原来的专业指导委员会校外专家主要集中在法院和律师事务所，新成立的法学专业指导委员会成员包括了市政法委、市人大、市法制局等部门和单位的主要领导，从而使法学专业的办学获得东莞市地方党委、人大、政府、司法机关的全方位支持。法学专业定期召开专业指导委员会会议，专业指导委员会委员对人才培养方案提出意见和建议，这其中“卓越法律人才培养计划”实验班、法学（知识产权）辅修专业等培养计划中的很多课程设置都来自专业指导委员会的意见。与此同时专业指导委员会成员还以多种方式参与教学活动和教学改革活动，在法学专业建设中

发挥了积极的作用。

（四）建立“高校—地方”和高校—行业”联合培养法律人才机制

法学专业通过与行业院所和地方市镇政府签订合作培养和全面共建协议的形式，充分利用地方和行业资源服务于法律专业人才培养。校地和校院所合作的内容包括人才培养、课题研究、地方服务、学生实习等方方面面，贯穿于法律人才培养全过程。

（1）法学专业在2014年分别和广东众达律师事务所、东莞市第二人民法院、广州市仲裁委员会东莞分会签订合作培养卓越法律人才人才协议。协议规定实务部门为东莞理工学院卓越法律人才实践教学基地；就卓越法律人才培养的相关事宜如师资队伍建设、课程设置、实习实训等提供决策咨询；为学生讲授实务课程；指导学生模拟开庭；定期举办法学名家讲座。东莞理工学院法学专业可以聘实务专家作为专业指导委员会委员，法学专业教师带领学生参与疑难案件和相关法律问题的论证研讨，共同开展横向课题研究等。2014年至今，校院所各方都认真落实了协议的内容，实现了双方互利共赢，目前各方又在协商新一轮的合作和共建。

（2）为强化提升人才培养实践教学环节的效果，增强服务地方法制建设的能力，培养出更能服务于地方法制建设需要的应用实践人才，法学专业又进一步探索出校地合作的新机制、新模式。法学专业通过精心筹划与东莞市一些镇街政府建立紧密的校地合作关系。双方在法治社会建设、基层政府管理创新，社会治理机制以及普法、平安东莞建设等领域，通过沙龙座谈、讲座培训、驻点顾问、专题调研、学生实践和基层法治化示范点建设等合作方式展开合作。2015—2017年法学专业陆续和道滘镇人民政府、横沥镇人民政府签订了全方位的校地合作协议。镇街政府根据合作事项分固定项目经费和专门项目经费予以了经费支持支持。目前法学专业正在与东城区政府协商建立校外实习基地建设、行业实践导师聘请、共同开设专业实践性课程，并就特定领域法律问题的深化研究、法政大讲堂资助等合作问题进行协商，校地联合培养法律人才机制有望进一步推进和落实。

（五）校所合作、校地合作开发课程

地方和行业全过程参与学生培养不仅包括真实法庭进课堂，律师、法官为学生开办讲座等。近年各方合作最大的成绩是合作开发课程，从而实现地方和行业对法律人才培养的深度参与和落实。从2013—2014下学年开始，法学专业启动了巡回法庭进课堂活动。东莞市中级人民法院、东莞市第一人民法院都在东莞理工学院的模拟法庭开过庭，东莞市第一人民法院院长陈斯、东莞市中级人民法院知识产权庭长程春华都亲自挂帅开过庭。近几年法学专业与实务部门合作陆续开出了经典案例判解、调解实务、地方立法实务等特色课程。

五、建立培养学生法律思维和法律信仰与学生创新能力的第二课堂

传统的高校专业自身单一封闭的培养人才途径，不仅造成了人才培养与地方需要的脱节，更是割裂的第一课堂和第二课堂的有机联系。学生分散、目标不明确的课外活动，不能发挥第二课堂是第一课堂延伸的功能，不利于学生专业素质的养成。法学专业在构建创新人才培养体系的过程中，把构建培育学生法治思维和法治信仰的第二课堂体系作为其中的重要组成部分。通过有组织、有目标的系统化的第二课堂延续第一课堂的专业学习和训练。

1. 明确第二课堂的目标为培养学生法律思维和法律信仰。法学院系培养的法律人才能够真正适合地方法治建设的需要，不仅仅需要法学毕业生有较强的分析和运用法律、法规的能力，还需要学生有专业的法律思维、坚定的法律信仰。而培养学生法律思维、树立学生法律信仰，不是仅仅依靠日常的课堂教学能够实现的，东莞理工学院法学专业在法学专业综合改革中把建立法律人才素质培养第二课堂体系作为其重要组成部分。

2. 第二课堂的设计和活动安排密切结合地方的法治实践，在普法用法中培育学生的法治思维和法治信仰。作为一所地方院校，东莞理工学院法学专业注重在日常的课外专业活动中，在学生配合地方法治建设的专业实践中，在学生参与教师地方法治研究的课题研究中等让学生深度了解地方法治建设的实际，培育学生的法治思维和法治信仰。

3. 第二课堂体系的建立需要充分发挥各方力量的合力。建立培育学生法治思维和法治信仰的第二课堂体系。在这个过程中学生主体作用的发挥、专业教师的主导、学生工作部门的组织以及地方实务界的和法学名流的参与都发挥了重要作用。

4. 实现学生社团活动与第二课堂体系建设的一体化推动。学生组成的社团和社团活动都与学法用法普法有关。向法学会、法律志愿者宣传队、先后创办过《法智》《法律萌芽》等专业刊物，并定期出版。

2017 级卓越班在人才培养方向上作了进一步改革。在培养应用型、复合型法律人才基础上，明确为培养具有应用型、复合型特点的律师方向。

卓越班学生历年获奖情况如下：

卓越班学生获奖情况总共获奖 264 人次，其中国家奖学金 3 人次，国家励志奖学金 1 次，创新创业国家级立项 1 次，省级 14 次。2014 级 3 年共有 145 人次获奖，其中国家级 1 人次，省级 1 人次，其中市级 22 人次，校级 90 人次。2015 级法学卓越班获奖统计，两年间共有 40 人次获奖，其中国家级奖励获立项 4 人次，省级奖励获立项 13 人次，市级奖励 5 人次，校级奖励获立项 13 人次。2016 级法学卓越班一年共获奖 29 人次，其中市级奖励 1 次，校级奖励 13 次。

六、成果推广的意义

（一）校内应用

（1）卓越班的实验成果推广到普通班，举办 3 届卓越法律人才培养实验班，出版首届法学卓越班学生学术论文集《追求法治》。

（2）项目组成员出版应用型教材 2 部，出版成果总结专辑《稳中求变》和专著《法律人才培养模式探索》。

（3）2016 年法学专业教师完成的“地方院校应用型法律人才培养模式的创新与实践”获得东莞理工学院第七届教学成果奖一等奖。为非工科专业中唯一一个获得一等奖的教学成果。

（二）校外推广

（1）对地方本科院校和理工科大学法学专业改革的推广意义。本成果内容覆盖了人才培养的各个要素。这些成果对培养应用型法律人才的地方高校有参考价值；法学专业依托于学校的理工科背景及自然科学技术优势，致力于培养文理交叉、商法交叉的复合性法律人才、知识产权人才对理工科大学法学专业改革有借鉴意义。

（2）新闻媒体对法学专业进行了专题报道。《南方都市报》和《南方日报》分别介绍了法学专业综合改革和“法律+”人才培养的做法和经验。肯定法学专业的“法—商”“工—法”变术以及培养“法律+”应用型法务人才的创新培养方式。法学专业教师服务地方的事迹在中央电视台《新闻联播》中播出；校地合作办学、校企合作开发课程和学生第二课堂活动多次东莞阳光网、东莞时间网等东莞主流媒体报道。

（3）办学模式获得地方政府认可。主动寻求与法学专业合作的政府职能部门和镇街政府不断增加，卓越法律人才培养计划写进东莞市法治政府建设 5 年计划。

七、下一步工作计划与建议

（一）项目建设仍然存在的主要未解决的问题及对策

1. 遗留问题

“本项目预期通过4年的试验使卓越法律人才教育培养计划试点班级的考研率、司法考试通过率、就业率大幅提高，学生培养质量有大幅提升”，但是该项目的实施时间到目前是3年，首届毕业生还没有毕业，因此无法量化检验培养成果的具体指标。关于司法考试通过率：2014级卓越班共有29人，14人通过2017年司法考试，通过率达到50%。

对策：为保证本项目预期成果的完成，我们在培养过程中有针对性地培养学生的自我学习、自我组织、自我管理的能力。首先经过引导和培养，2014级法学卓越班报考研究生的比例已经比以前大大提高，该班有一半的学生已经报名参加2018年的研究生考试，每个学生的学业导师都有针对性地进行了辅导和引导；该班29名同学全部参加了司法考试，由于我们在授课中针对司法考试特点进行了有针对性的训练，例如开设了六周的“思考技巧训练课程”，同时学生自主举办了多次以历届司法考试真题为测试的知识竞赛，这些都为学生们通过司法考试打下了坚实的基础。关于该届学生的就业展望，首先，举行了集中的岗位认知实习，实习单位反馈非常好；其次，有多位实务界的法官、律师给学生们上过课、开过讲座，学生们还多次和实务部门合作，举行普法和知识竞赛活动，因此法学卓越班在东莞有一定的知名度，这些都为同学们顺利就业创造了条件。

2. 没有解决的问题

有关《广东省本科高校卓越人才培养计划项目验收指标体系（试行）》中的评价指标3人才培养中的观测内容：“扩大对外开放，培养具备国际视野的卓越人才。”

对策：虽然该观测内容并不是申报该试点专业任务书中预期应该完成的工作，但是据我们的了解，随着东莞经济的快速发展，具有国际视野特别是涉外法律人才将会有较大缺口，因此培养“法律+外语”人才或者是与境外高校合作培养涉外法律人才将成为我们今后要努力的方向之一。

（二）后续建设设想

要把卓越法律人才试点专业打造成“法律+”人才实验基地。卓越法律人才试点专业将继续以“地方性、应用性、复合性”为指导，依托东莞理工学院理工科办学优势，探索新的培养地方卓越法律人才的思路和模式。2017年我们开始了“法律+经管”律师方向人才培养的实验。以后会陆续开展“法律+外语”“法律—理工科”人才培养的试点，为地方培养精准的、实用的卓越法律人才。

第四节

法学专业法学（知识产权）辅修学位建设总结

在国家和全省实施创新驱动发展战略的大背景下，在东莞理工学院加快建设高水平理工科大学的过程中，法律与社工学院（知识产权学院）（以下简称知识产权学院）始终以“加快推进高建，以卓越的创新教育与实践造福社会”为己任，全身心地投入高水平理工科大学的建设中，着力深化教学改革，大力推进知识产权学科建设，积极探索知识产权人才培养模式，在培养以理工科为第一专业背景的知识产权应用型人才方面，在服务于东莞经济转型、推动东莞企业转型升级和创新发展方面取得了丰硕成果。

一、更新教育观念

设立法学（知识产权）辅修专业和第二学位，大力培养以理工科为背景的知识产权应用型人才，为东莞市发展创新型经济提供有力的人才支撑。

为了满足东莞及珠三角地区制造业科技创新过程中对具有理工科背景的知识产权人才的迫切需求，知识产权学院不断更新教育观念，从珠三角制造业的实际需求出发，并结合东莞市的制造业特点，大力培养以理工科为背景的高素质应用型知识产权人才。知识产权学院从 2014 年 9 月就面向全校非法学专业学生开设了法学（知识产权方向）辅修专业（已经毕业 136 人，其中有一名同学考入华南理工大学法律硕士，三名同学考上研究生；10 同学现在已经从事与知识产权有关的工作）；2015 年招收第一届法学（知识产权）双学位（在读学生 90 人）；2016 年招收第二届法学（知识产权）双学位（已经招生 62 人）。故知识产权学院以开设法学（知识产权）辅修专业、法学（知识产权）双学位的方式，培养了近 300 名以理工科为背景的知识产权应用型人才，人才培养成果丰硕。

二、向全校师生普及、宣讲知识产权的基本知识

全面培养和提升东莞理工学院师生尊重知识产权、保护知识产权的意识和理念，知识产权宣讲工作成绩突出。

一是针对我校以“理工科”为主的特色，知识产权学院以“省市共建高水平理工科大学”为契机，通过向全校学生开设“简明知识产权概论”“专利检索”“知识产权诉讼实务”等公选课程，普及、宣讲知识产权的基本知识，累计培养理工科学生4000多名；

二是每年4月26日，知识产权学院均在学校开展一系列（三期）的知识产权宣传活动活动，大力营造高水平建设理工科大学的知识产权氛围，特别是大力宣传、普及专利制度对创新驱动的促进作用，全面培养东莞理工学院及其师生尊重知识产权、保护知识产权的意识和理念，为高水平建设理工科大学提供知识产权支撑。

三是针对理工科教师，知识产权学院开展了三次“专利检索”等师资培训课程，为理工科教师的科研创新、专利信息的利用和专利的保护提供指导，累计培训教师等科研人员120人。

三、积极推进现代信息技术与知识产权教育教学的深度融合

积极运用现代化的教学手段开展慕课（MOOC）和知识产权网络教学，教学理念先进，效果显著。

知识产权学院老师主动地学习新的教学理念和信息技术，积极推进现代信息技术与知识产权教育教学的深度融合，积极改进教学方式，探索采用“慕课”（MOOC）课程等形式，开展知识产权网络教学，教学效果显著。目前，知识产权学院龚红兵副教授已经建设成“知识产权法”网络教学平台一个（http：//jpkc. dgut. edu. cn/zscq/；http：//172. 31. 5. 210：81/）。此外，知识产权学院依托中国知识产权远程网络教育平台（广东省知识产权远程教育分平台 http：//elearning. ciptc. org. cn/public/index？ v=0&r=0），充分发挥网络教学的便捷性、交互性和主动性，向全校理工科学生开设知识产权的相关课程，普及、推广专利、商标和著作权等相关知识产权法律。

2014年，我校依托广东省（东莞理工学院）知识产权培训基地，承接了知识产权远程教育在东莞高校和企业的培训、推广任务，取得了较好的教学效果（见表9－20所列）。

表 9－20 知识产权远程教育课程开展情况一览表

课程名称	参加人数	合格人数	
美日欧因特网专利信息检索	58	58	2014 级学生（共有学生 58 人）
企业专利的运用和有效保护	58	32	
知识产权法律基础（2007 版）	58	58	
中国因特网专利信息检索	58	58	
专利法律状态和同族专利检索	58	58	
专利文献检索运用实例	58	58	
课程名称	参加人数	合格人数	
知识产权法律基础（2007 版）	89	89	2015 级学生（共有学生 89 人）
专利法第三次修改	89	62	
专利法律基础知识（代理人课程 2013 版）	89	75	

四、积极开展知识产权课堂教学模式改革

大胆采用“真实案例进课堂”的方式，使学生真实领悟到法庭审判的严肃性、公平性和公正性，以及知识产权案件的复杂性。

知识产权学院积极开展知识产权课堂教学模式改革，不仅非常重视模拟法庭在推进实践教学方面所起的示范性作用，而且还积极推进人民法院的“真实案件”进校园活动和“送法进校园”的活动。

知识产权学院与东莞市中级人民法院充分协商，在 2014 年 10 月 20 日，由东莞市中级人民法院在我校审理一起关于注册商标侵权的刑事案件。参加庭审的学生通过对这些真实案件审理过程的观摩，深刻感受法庭审判的公平、公正、公开，将自己的知识产权理论学习和司法审判实践有机地结合在一起，收获很大。

五、知识产权学院不断完善开放办学的协同培育人机制

通过与广东省知识产权局等政府部门、法院和专利事务所协同育人，不断提高知识产权人才的实践能力和创新能力。

知识产权学院不断完善开放办学的协同培育人机制，目前已经和广东省知识产权局、东莞市知识产权局、东莞市中级人民法院和广州三环专利律师事务所等 24 家政府部门、法院和专利事务所建立起了知识产权协同育人实践基地。通过

这些实践性人才培育基地的建设，知识产权学院将这些优质的社会资源聚集、转化为知识产权人才培育的教学资源，促进和提高了知识产权人才的实践能力和创新能力。

六、主动面向东莞市经济建设和社会发展需求

以服务东莞地方经济建设为导向，根据东莞市政府和企业实际需求，开展各种形式的知识产权培训，精准服务地方经济建设，成绩突出。

东莞理工学院知识产权学院依托省级知识产权培训基地和东莞市级知识产权促进中心，常年根据政府和企业实际需求，开展各种形式的知识产权培训，对于社会和企业对知识产权人才的知识结构要求定位准确，已经培训包括理工学院学生、东莞市政府工作人员和企业知识产权管理人才近 1 万人次，培训成果显著，知识产权基地服务地方经济的优势突出。

七、积极加强“双师型”师资队伍建设

学院已经形成一支年龄结构合理、知识产权理论和实务水平高、团结协作、乐于奉献、勇于进取的知识产权师资队伍。

在师资队伍建设上，知识产权学院制订了详细的知识产权师资培养计划，重视青年建设的培养；通过鼓励知识产权学院的青年教师出外进修、攻读知识产权方向的博士学位，以及鼓励并创造条件让老师申报教授、副教授等高级职称等方式，不断提高师资队伍的学历和职称结构。

此外，知识产权学院不断加强“双师型”知识产权师资队伍建设，大胆聘用知识产权法律实务部门的高水平的检察官、法官、经验丰富的律师、专利代理人来学院任教，努力打造一支“高学历、高职称与实务精英相融合的一流的知识产权师资队伍”。目前，知识产权学院已经聘请了以东莞市中级人民法院原知识产权庭庭长程春华博士后为代表的实务界精英 5 位，双师型师资队伍建设成果显著。

八、知识产权学院教师潜心知识产权领域内的学术研究

高度重视科研成果向教学资源的转化，精于知识产权教学，教研教改成果突出。

知识产权学院教师潜心学术研究，精于知识产权教学，教研教改成果突出。近三年来已经发表高水平知识产权学术论文 11 篇，主持省部级知识产权科研项

目11项，科研经费达达70多万元。此外，知识产权学院高度重视科研、教学成果转化为教学资源，鼓励教师将自己的科研成果融入课堂教学中，为应用型知识产权人才培养创造了有利条件。

第五节

适应高水平理工科大学的发展　努力提高人才培养质量

中国的法学教育经过改革开放后30多年的发展，目前我国共有623所高校开设法学类本科专业，本科在校生数达29万多人，毕业生的数量不断增加，并没有解决法律人才的紧缺问题。法学专业的就业率整体不高，高校培养的学生无法适应用人单位的需要。东莞理工学院以建设高水平应用型理工大学为目标，以智能制造技术与工程为主攻方向，因此，未来依托于学校的理工科背景及自然科学技术优势的法学专业，就必然承担着为地方制造业发展提供法律人才保障的任务。在制造业发达、经济发展水平较高的珠三角地区，文理交叉、商法交叉的复合型法律人才、知识产权人才需求旺盛，随着该地区产业转型升级后对高层次人才的需求不断增强，具有理工背景的专业法律硕士也必然走俏。由此，随着东莞理工学院办学定位与发展目标明晰，法学专业的人才培养体系特点凸显。基于以上目标与任务，建设适应高水平应用型理工大学发展的法律人才培养平台势在必行。

一、人才培养总体目标

以党的十八大、十八届三中、四中全会有关依法治国的纲领性文件为指导，通过教育教学改革，进一步提高我校法学专业的教学质量，使我校法学专业办学特色更加鲜明，学生实践能力和创新精神显著增强，师资队伍整体素质稳步提高，形成规模、结构、质量、效益协调发展和可持续发展的法学人才培养机制；经过五年的建设，将我校法学专业建设成为“地方高校一流，全国同类院校有重要影响”的、以“地方卓越法律人才”为鲜明特征的特色专业。建设一支高水平互聘式实践型专兼职教师队伍，形成市场导向型产学研合作的长效机制，建成规范化实用型的法学实验实训基地，提高专门化、特色化社会法律服务能力，辐射带动相关专业群协同发展。以举办卓越法律人才班和知识产权辅修专业为依托，以培养既有法学基础知识，又有技术理工类专业知识，具有较强创新、实践能力，综合素质全面的复合型法律人才为要求，将本专业建成“师资队伍结构合理，专业建设思路明确，课程体系和教学内容科学，教学方法与手段先进，基础与实践教学协调，创新人才培养理念深入，教学质量保障与管理监控体系完善”的省级特色专业，为同类型高校法学专业建设和改革起到示范和带动作用。根据法学专业的发展状况，在科学发展观的指导下，围绕一个中心，突出两大特色，着重培养三种能力，重点发展卓越法律人才班和知识产权辅修专业法学特色专业建设，以行业为依托，充分发挥专业优势，强化校、政、企、研联合办学特色，构建多层次、多类型、全方位创新人才培养体系，为地方建设培养合格法学人才。

（一）法学专业人才培养的指导思想

1. “围绕一个中心”

这是指坚持以提高人才培养质量为中心，作为一切活动的出发点。通过对培养目标、课程设置、教学内容和教学方法、教材、培养方式、科研训练、社会实践改革与创新，提升教师队伍素质，改善办学条件，以提高人才培养质量。采用应用型卓越法律人才精致化培养模式，培养具有发展潜质的能够在各级司法机关、法律服务机构从事行政执法、司法审判、法律服务的一线法务人员。

2. “突出两大特色”

这是指突出服务地方特色和突出“校、政、企、研”结合的专业办学特色。突出服务地方特色即针对本专业所在地方的需求的特点，培养适应地方需要的法学人才。突出“校、政、企、研”结合的专业办学特色，即以政、企为依托，建立学校、政府管理部门、企事业和研究机构四方共建，坚持专业发展与政、企、研紧密相连，师资建设和学生培养与政府部门、企事业单位紧密合作，坚持理论教学与实践紧密结合、互为提升的特色办学模式。

3. 着重培养三种能力

“着重培养三种能力”，是指按照人才培养模式改革的需要，调整和修订专业培养计划，以科技创新活动为载体，以实践教学改革为依托，培养大学生创新能力和创新精神，使培养的学生专业知识扎实、知识结构合理、思想素质过硬，具有“创新能力、实践能力和就业能力”的高级应用型法律人才。

（二）法学人才培养的长远建设目标：适时开办硕士研究生教育

经过 12 年的专业建设积累，结合我校学科建设及学校发展，适时开办硕士研究生教育，基本途径包括：

1. 自行申报法律硕士招生资格：随着十八届四中全会依法治国重要文件精神的实施，大力进行法律硕士培育已成定局，在专业建设积累有关成果、材料的基础上，学院将适时申报法律硕士招生资格。

2. 在学校工程硕士下设置相关方向：学校已经获得工程硕士授权资格，发展工程硕士教育过程中，适当考虑增加知识产权、建筑法律等提高工程硕士教育涵盖范围，发展硕士层次的继续教育。

3. 申报和建设法学硕士点。

二、法学专业人才培养的主要举措

（一）进一步深化教学改革

构建以精致化培养为手段、以学校和法律实务机构“协作式”培养为特点的应用型卓越法律人才培养模式。应用型卓越法律人才培养模式强调以理论知识为基础，以职业技能为重点，理论和技能协调发展，强调学生综合素质和职业能力的培养，在专业方向开设、课堂教学组织、考试制度改革等方面都以知识的应用为重点，并且突出法律实务机构在人才培养中的全程参与。

一是突出应用型人才导向型专业设置，根据地方法律人才需求和本专业的办学优势，定位于培养应用型法律人才；与企事业单位、法务机构联合制订人才培养方案；充分利用覆盖多个省份的实习实践基地和合作共建单位联合办学，面向地方发展的实际情况搞好专业建设。

二是实现教学模式精致化。学院与法律实务部门协同组织教学活动，组建专业的教学团队，精密设置教学内容，采用“集体备课，个别指导，精细组织”的原则实施教学活动，打造精致化教学模式。理论教学突出对学生法律理论知识转化为实践能力的培训，加大“训练式”教学改革力度。实践教学突出对学生实际动手能力的训练，聘请法律实务部门专家对学生进行法律实务训练。积极开展诸如法官论坛、律师论坛、法学沙龙等各类第二课堂活动，提高学生的学习兴趣和实际动手能力。

三是提倡“情景式”教学方法改革。以培育学生职业技能为目标，重点打造“情景式”教学方法。以真实案件为背景，让学生在自身经历中学习，着重训练学生处理实际案件的能力，对学生进行系统的法律技能训练。依托模拟法庭，推广“情景式”教学方法。以独立的法律问题作为项目，学生在教师的指导下自主处理，得出结论，掌握教学内容，提高法律实践能力。

四是深化考试制度改革，在考试制度改革上也突出人才培养应用型、精致化的特点，细化考试目标，更新考试内容，丰富考试形式，增加实践环节和平时训练所占比例。主要考核学生对法律知识的应用能力，提高法律职业技能。

（二）加强教师队伍建设情况

通过与法律实务部门的共建合作，吸收实践型专兼职教师队伍，加强对专职教师的引进和培训，建立科学的教师激励机制，进一步提高法学专业实践教学能力，提高法学人才培养质量。

一是加强专业带头人与骨干教师培养，大力引进高水平复合型专业带头人，重点引进有法学博士学位和高级职称的教师。加强对骨干教师的培训，选派骨干教师访学以及到实务部门挂职锻炼。

二是打造高水平“双师型”教学团队，通过专业教师和司法实务机构人员的合作，专业教师参与法律实务工作，吸收法律实务部门具有丰富实践经验的专家到校上课，承担法学专业课程和实践课程教学任务。

（三）课程建设不断推进

按照“实际、实用、实践”和“必需、够用”的原则，坚持理论知识为职业技能服务，逐步建立与人才培养模式相适应的素质型、应用型、实践型课程体系。

一是体现实务部门需求。从需求出发，与法律实务部门联合安排专业方向课程，对实务部门特需的技能，根据其要求在教学课程中进行专项训练。

二是突出职业能力培养。在课程设置方面重点突出对学生的职业技能训练，增大实践教学比例，培养学生解决实际问题能力和创新思维。

三是强化人文素质养成。结合专业特点，合理设置人文素质课程，并贯穿于整个培养过程，提升学生的综合素养，增强其发展潜质。

学院将通过以上改革，构建人文素质课程群、专业基础课程群、专业核心课程群和技能训练课程群四大系统。

（四）不断完善实践教学

重视学生实践能力的培训，突出实践教学作用，通过校内外实践基地开展实践教学，特别是通过模拟法庭的运行，提升学生法律职业技能和理论联系实际的能力。进一步加大投入，加强模拟法庭软硬件建设，按照最高人民法院《人民法院法庭建设标准》建设标准化法庭，以模拟法庭为依托，开展司法流程实训，模拟法律运行的全过程，从而提高学生对法律工作的整体认知和对各种法律事务流程的实际操作能力。

（五）与法律实务部门开展合作共建

围绕“面向社会，服务社会，引领社会”的理念，学院加强产学研合作机制建设，建立起政府、交通企事业单位、学校之间的联动机制。建立与法律实务部门深度合作机制，先后建立 11 处校外学生实习实训基地。包括东莞市人民检察院、东莞市第一人民法院、东莞市第二人民法院等。一是和上述单位进行深度合作，二是合作进行法学研究和法律教学，三是合作培养卓越法律人才。

图书在版编目（CIP）数据

地方理工科大学法律人才培养模式创新研究/郑玉敏著．—合肥：合肥工业大学出版社，2018.5

ISBN 978-7-5650-3995-9

Ⅰ.①地…　Ⅱ.①郑…　Ⅲ.①地方高校—法律—人才培养—培养模式—研究—中国　Ⅳ.①D926.17

中国版本图书馆CIP数据核字（2018）第110835号

地方理工科大学法律人才培养模式创新研究

郑玉敏　著　　　　责任编辑　王钱超

出　版	合肥工业大学出版社	版　次	2018年5月第1版
地　址	合肥市屯溪路193号	印　次	2018年6月第1次印刷
邮　编	230009	开　本	710毫米×1010毫米　1/16
电　话	人文编辑部：0551-62903205	印　张	12.5
	市场营销部：0551-62903198	字　数	214千字
网　址	www.hfutpress.com.cn	印　刷	安徽昶颉包装印务有限责任公司
E-mail	hfutpress@163.com	发　行	全国新华书店

ISBN 978-7-5650-3995-9　　　　定价：40.00元